कुछ जज़्बात मेरे मन के

ज्योति सिसोदिया

क्रम-सूची

1. जाने कब......... 1

2. अध्याय 2 2

3. अध्याय 3 3

4. अध्याय 4 4

5. बेटियाँ 5

6. प्रिय हिंदी 6

7. आनंद का स्रोत छिपा है अपने ही भीतर 8

8. सबला नारी 9

9. कोरोनावायरस पर एक नया नजरिया 10

10. बदलाव 12

11. ये प्यार.......... 13

12. दर्पण 14

13. माँ 15

14. अध्याय 14 16

15. एक बूंद उम्मीद चाहिए 17

16. अध्याय 16 18

17. अध्याय 17 19

18. अध्याय 18 20

19. अध्याय 19 21

20. अध्याय 20 22

21. अध्याय 21 23

22. अध्याय 22 24

क्रम-सूची

23. मेरी क्या गलती? 25

24. अध्याय 24 26

25. अध्याय 25 27

26. कवि हूँ मैं......... 28

27. चाहे जितने हिस्से कर लो तुम मेरे 29

28. ख्वाब सभी देखते हैं मगर 30

29. अध्याय 29 31

30. मैं....... 32

31. अध्याय 31 33

32. अध्याय 32 34

33. अध्याय 33 35

34. अध्याय 34 36

35. अध्याय 35 37

36. अध्याय 36 38

37. अध्याय 37 39

38. अध्याय 38 40

39. अध्याय 39 41

40. अध्याय 40 42

41. अध्याय 41 43

42. अध्याय 42 44

43. अध्याय 43 45

44. अध्याय 44 46

क्रम-सूची

45. अध्याय 45 47

46. अध्याय 46 48

47. अध्याय 47 49

48. अध्याय 48 50

49. एक अमीर की कहानी 51

50. अध्याय 50 52

51. अध्याय 51 53

52. मेरी माँ 54

53. अध्याय 53 55

54. अध्याय 54 56

55. अध्याय 55 57

56. अध्याय 56 58

57. अध्याय 57 59

58. अध्याय 58 60

59. कुछ पल ऐसे होते हैं 61

60. अध्याय 60 62

61. अध्याय 61 63

62. अध्याय 62 64

63. अध्याय 63 65

64. अध्याय 64 66

65. अध्याय 65 67

66. अध्याय 66 68

क्रम-सूची

67. अध्याय 67 69
68. अध्याय 68 70
69. अध्याय 69 71
70. अध्याय 70 72
71. मेरे राम 73
72. अध्याय 72 74
73. मेरी कलम 75
74. अध्याय 74 76
75. अध्याय 75 77
76. अध्याय 76 78
77. अध्याय 77 79
78. अध्याय 78 80
79. अध्याय 79 81
80. अध्याय 80 82
81. रिश्ते 83
82. अध्याय 82 84
83. अध्याय 83 85
84. अध्याय 84 86
85. अध्याय 85 87
86. अध्याय 86 88
87. अध्याय 87 89
88. अध्याय 88 90

क्रम-सूची

89. अध्याय 89 91
90. अध्याय 90 92
91. अध्याय 91 93
92. अध्याय 92 94
93. अध्याय 93 95
94. अध्याय 94 96
95. अध्याय 95 97
96. किसान 98
97. अध्याय 97 99
98. अध्याय 98 100
99. सलीका रिश्तों का 101
100. अध्याय 100 102
101. अध्याय 101 103
102. अध्याय 102 104
103. अध्याय 103 105
104. अध्याय 104 106
105. अध्याय 105 107
106. अध्याय 106 108
107. मेरे देश की नारी 109
108. अध्याय 108 110
109. रिवाज विवाह का 111
110. अध्याय 110 112

क्रम-सूची

111. अध्याय 111 113
112. माँ 114
113. अध्याय 113 115
114. अध्याय 114 116
115. अध्याय 115 117
116. अध्याय 116 118
117. अध्याय 117 119
118. अध्याय 118 120
119. अध्याय 119 121
120. लेखक 122
121. अध्याय 121 123
122. कलम 124
123. शहीद की विधवा 125
124. सत्य की विजय 126
125. अध्याय 125 127
126. अध्याय 126 129
127. अध्याय 127 130
128. अध्याय 128 131
129. अध्याय 129 132
130. जिंदगी के खेल 133
131. अध्याय 131 135
132. अध्याय 132 136

क्रम-सूची

133. अध्याय 133 137
134. अध्याय 134 138
135. अध्याय 135 139
136. अध्याय 136 140
137. अध्याय 137 142
138. अध्याय 138 143
139. अध्याय 139 144
140. अध्याय 140 145
141. अध्याय 141 146
142. अध्याय 142 147
143. अध्याय 143 148
144. अध्याय 144 149
145. अध्याय 145 150
146. अध्याय 146 152
147. अध्याय 147 153
148. अध्याय 148 155
149. अध्याय 149 157
150. अध्याय 150 159
151. अध्याय 151 160
152. अध्याय 152 162
153. अध्याय 153 164
154. अध्याय 154 166

क्रम-सूची

155. अध्याय 155 168
156. अध्याय 156 169
157. अध्याय 157 170
158. अध्याय 158 171
159. अध्याय 159 173
160. अध्याय 160 174
161. अध्याय 161 175
162. अध्याय 162 176
163. अध्याय 163 177
164. अध्याय 164 179
165. अध्याय 165 180
166. अध्याय 166 182
167. अध्याय 167 183
168. अध्याय 168 184
169. अध्याय 169 185
170. अध्याय 170 186
171. घर 187
172. अध्याय 172 188
173. अध्याय 173 189
174. ऐ नारी जरा धीरज धर...... 190
175. अध्याय 175 191
176. अध्याय 176 192

क्रम-सूची

177. अध्याय 177 193

178. आज भी.......... 194

179. अध्याय 179 195

180. अध्याय 180 196

181. परिश्रम और विश्वास 197

182. अध्याय 182 199

183. अध्याय 183 200

184. अध्याय 184 201

185. देश का सिपाही 202

186. अध्याय 186 203

187. अध्याय 187 204

188. अध्याय 188 205

189. अध्याय 189 206

190. बेटी 208

191. माँ 209

192. ऐ कलम 211

193. कहाँ रह गए तुम 212

194. मन 213

195. दुनिया अजब तमाशा है 214

196. मेरा भारत 215

197. सबसे प्यारा हिंदुस्तान हमारा............. 217

198. मेरी प्रेरणा 218

क्रम-सूची

199. अध्याय 199 219

200. अध्याय 200 220

201. अध्याय 201 221

202. अध्याय 202 222

1. जाने कब.........

जाने कब नजर बदल जाए
जो आज अपने हैं वो पराए बन जाएं
आईना भी संभलकर देखना
जाने कब अपनी ही नजर लग जाए
ख्वाबों को दामन में सहेज कर रखना
जाने कब किस्मत के सितारे बदल जाएं
दर्द को भी निगाहों में छिपाकर रखना
जाने कब दर्द ही दवा बन जाए
हवाओं से भी शर्त लगा लेना
जाने कब हम हवाओं से भी आगे निकल जाएं
परिंदों सी उड़ान भरना
जाने कब आकाश कदमों तले आ जाए
रात को भी अपनी तकदीर समझना
फिर जाने कब सुबह हो जाए
जाने कब मौसम बदल जाए
आज पतझड़ है, कल बहार आ जाए।

अध्याय2

लिख दो आज विधाता
सारे फैसले मेरी माँ के नाम
सारे जमाने से लड़ते हुए
एक बेटी की खुशी की खातिर
मेरी माँ खुद के लिए जीना भूल गई ।

पत्ते पत्ते पर चाहे तुम्हारा नाम लिखा होगा
जरा गौर से देखना, उसमें तुम्हारे
माता-पिता के त्याग का इतिहास लिखा होगा।

अध्याय3

गुलाब सी सुंदरता भले ही ना पाई हो
मगर मेरे विचारों की महक
किसी गुलाब से कम ना होगी
खुशनसीब होगी मेरी कलम
अगर मेरी मौत पर
एक भी आँख रोई होगी।

भरे बाजार से अक्सर मैं खाली हाथ आई हूँ
मगर मेरी माँ की दुआएं साथ लाई हूँ
बस इसलिए हर मुश्किल से
बाहर निकल पाई हूँ।

लिख दो आज विधाता
सारे फैसले मेरी माँ के नाम
सारे जमाने से लड़ते हुए
एक बेटी की खुशी की खातिर
मेरी माँ खुद के लिए जीना भूल गई ।

अध्याय4

पेड़ से बिछड़ कर जाना पत्तों ने
पेड़ की कीमत क्या है
वरना सोचते थे हम से ही है वृक्ष की अहमियत
हमें वृक्ष की जरूरत क्या है
लेकिन अब अस्तित्वहीन होकर
इधर-उधर बिखरे पड़े हैं
अपने अहंकार से अपने अंत की ओर चले हैं
बस कुछ इसी तरह होते हैं रिश्ते
अलग होने पर पता चलता है
परिवार की कीमत क्या है।

5. बेटियाँ

बेटियां ही माता-पिता के जीवन का आधार है
बेटियों के बिना अधूरा ये संसार है
बेटियां फूलों सी महकती है
बेटियां चिड़ियों सी चहकती है
बेटियों के बिना सूना घर आंगन है
बेटियां तपती धूप में ठंडी छांव है
बेटियों से ही जीवन में मिठास है।

6. प्रिय हिंदी

ऐसा नहीं है कि अंग्रेजी की रीत मुझे आती नहीं
लेकिन अपनी मातृभाषा हिंदी से
प्रीत मेरी जाती नहीं।
जब भी मैं अंग्रेजी में लिखने लगती हूं ,
हिंदी मेरा हाथ पकड़ लेती है
और उलाहना देती है,
जब तुम भारतवासी ही मेरा तिरस्कार करोगे,
अंग्रेजी में अपना व्यवहार करोगे,
तो फिर कौन अपनाएगा दुनिया में मुझको,
अपने बंधुओं को छोड़
कौन गले लगाएगा दुनिया में मुझको।
जब तुमने मुझे मातृभाषा माना है,
तो फिर मुझे माँ सा सम्मान दो,
प्रशासन में भी मुझे स्थान दो।
देश में ही नहीं पूरी दुनिया में हिंदी का प्रचार-प्रसार हो,
नौकरी पाने में भी हिंदी ही आधार हो,
वरना क्या औचित्य मातृभाषा हिंदी का रह जाएगा।
क्या सिर्फ 14 सितंबर हिंदी दिवस पर ही
हिंदी का सम्मान किया जाएगा?
या इसका वजूद सिर्फ
किताबों में ही सिमट कर रह जाएगा।
आओ आज हम भारतवासी प्रण लें-
“अपनी मातृभाषा हिंदी को हम शिखर पर ले जाएंगे अपने

आचार, व्यवहार और काम में सिर्फ हिंदी को ही अपनाएंगे,

तभी हम सच्चे अर्थों में भारतीय कहलाएंगे।“
जय हिंद ? जय हिंदी?

7. आनंद का स्रोत छिपा है अपने ही भीतर

आनंद का स्रोत छिपा है अपने ही भीतर
इसे कहीं बाहर ना खोजो
अपने मन की निर्मलता में ही है
हर परेशानी का हल
अपनी समस्या का हल दूसरों में ना खोजो
खुशी है बस अपने विचारों की ही उपज
किसी ओर के द्वारा दी गई खुशी में
अपनी खुशी ना खोजो।

8. सबला नारी

हे नारी! रही नहीं तुम अब अबला
समय-समय पर बन कर उभरी हो
तुम एक योद्धा
खोने ना देना कभी अपने इस रूप को
सुसज्जित कर लो खुद को
तुम भी अस्त्र-शस्त्र से
घबराना ना कभी दुष्टों के
बलशाली प्रहार से
सीना छलनी कर देना उनका
अपने एक ही वार से
फिर हर दुष्ट डरेगा मात्र
तुम्हारी एक ही हुंकार से।

9. कोरोनावायरस पर एक नया नजरिया

आज धरा पर सर्वत्र मचा
कोरोना का कोहराम है
आज मानव को मिला अनचाहा आराम है
आज धरा पर पुनः
महाभारत का दृश्य साकार हुआ है
आज दैत्य सा कोरोना का आकार हुआ है
हर तरफ लाशें बिछी हैं
श्मशान में भी जगह का अभाव हुआ है
हर तरफ करुण क्रंदन है
दुख से मलीन हर वदन है
हर निगाह आज नम है
हर सीने में दफन आज कई गम हैं
आज धरा पर सर्वत्र फैला यह कैसा शोर है जिसका मिलता नहीं कोई छोर है
कईयों ने बेटों की चाह में
बेटियों को कोख में ही मारा है
कहते हैं बेटों के मुखाग्नि देने से ही
मोक्ष हमारा है
आज अंजान जन चिताएं जला रहे हैं
बेटे-बेटी दूर खड़े अश्रु बहा रहे हैं
बेटे के जन्म का प्रयोजन मानो
कोरोना ने व्यर्थ किया है

बेटे-बेटी दोनों को एक ही धरातल पर
स्थिर किया है
किसने सोचा था ऐसा क्षण भी आएगा
चार बेटों का पिता भी अर्थी को तरस जाएगा अब तो दुनिया
वालों आँखें खोलो
बेटे-बेटी को दो पलड़ों में ना तोलो
दो बेटी को ऐसी शिक्षा जिससे
सारे जग में वो तुम्हारा नाम रोशन करे
समझो इस बात को,
बेटी का कोई मोल नहीं, बेटी तो है अनमोल।

10. बदलाव

हर बार नारी ही अग्नि परीक्षा दे
जरूरी तो नहीं
यह प्रथा अब बदलनी चाहिए
नारी महज़ भोग्य वस्तु नहीं
पुरुष को भी नारी की व्यथा
समझ आनी चाहिए
"नारी ही नारी की दुश्मन है"
यह कहावत अब खत्म होनी चाहिए
दर्द हो एक नारी को तो, आँसू हर
नारी की आँखों से आना चाहिए
अन्याय हो किसी एक नारी के साथ तो
आवाज सबको उठानी चाहिए
नारी पुनः मातृ रूपेण वंदनीय होनी चाहिए।

11. ये प्यार..........

कहने को महज़ ढाई अक्षर है ये प्यार
मगर सारी सृष्टि का आधार है ये प्यार
महज़ प्रेमी-प्रेमिका का मिलन नहीं है ये प्यार बल्कि संपूर्ण
जीवन का सार है ये प्यार
हर दर्द को भुला देता है ये प्यार
काँटों पर चलके भी
मुस्कुराना सिखा देता है ये प्यार
गरीबी-अमीरी की दीवार गिरा देता है ये प्यार हर नफरत
को मिटा देता है ये प्यार
हर धड़कते दिल की सदा है ये प्यार
गैर को भी अपना बना ले ऐसी अदा है ये प्यार कई रूपों
में विस्तृत है ये प्यार
भक्त का भगवान से
माता-पिता का संतान से
बहन का भाई से, अतुलनीय है ये प्यार
किसी मज़हब से नहीं बंधा है ये प्यार
बस इंसानियत सिखाता है ये प्यार
लफ्ज़ों में बयां नहीं हो सकता है ये प्यार
अथाह, असीम और अनंत है ये प्यार..........।

12. दर्पण

प्रिय दर्पण! काश ऐसा होता
मैं देखती तुम्हें और मुझे
मेरी सारी कमियां नजर आ जातीं।
मैं धो देती तुम्हें और
मेरी सारी कमियां भी धुल जातीं।
प्रिय दर्पण काश ऐसा होता
मैं ढक देती तुम्हें पर्दे में और
मेरे सारे गम भी ढक जाते
मैं हटाती जब पर्दा तो
मुझे बस खुशियां ही नजर आतीं।

13. माँ

माँ की उम्मीदों के फूल कभी मुरझाए ना
माँ दर्द कोई कभी पाए ना
माँ के दिल का सुकून कभी खोए ना
माँ कभी किसी की रोए ना।

कभी यह मत सोचना कि तुम किसी
काबिल नहीं
बस यह सोचना कि दुनिया ने तुम्हें अभी पहचाना नहीं।

खामोशी और मेरा रिश्ता बरसों पुराना है
ना वह मुझसे दूर है ना मैं उससे दूर हूँ,
बस दुनिया के शोर में हम दोनों ही मजबूर हैं।

अध्याय14

निगाहें बोलती हैं
भेद दिल के खोलती हैं
मगर कोई समझता नहीं,
इसकी भाषा को,
यह चाहत और नफरत को एक ही तराजू में तोलती हैं।

कमी रिश्ते में नहीं निभाने वालों में होती है
रिश्ते कभी खुद नहीं टूटते
हमारे अहम, वहम और विश्वास की कमी
रिश्ता टूटने की वजह होते हैं।

15. एक बूंद उम्मीद चाहिए

जिंदगी के लिए
एक बूंद उम्मीद चाहिए
जिंदगी का जहर पीने के लिए
एक बूंद उम्मीद चाहिए
इस जहर को अमृत बनाने के लिए।

जिंदगी और क्या है यहां
माँ की ममता और पिता की
परवाह के सिवा
हर रिश्ता मतलबी है यहां
सात फेरों का बंधन भी महज़
जरूरतों का साथ है यहां।

अध्याय16

देख कर भी अनदेखा करते हैं
सामने आ जाएं तो मुंह फेर लेते हैं
कितने अजीब हैं ये रिश्ते
देख कर हमारे आँसुओं को
हमारी खैरियत पूछते हैं
रिश्ता निभाने से पहले
हमारी हैसियत देखते हैं।

बंटवारा रिश्तों का ना करना कभी
बंट कर रह जाएगी जिंदगी भी
साथ मिलकर रिश्ते निभाने में ही है
हासिल हर खुशी।

अध्याय17

अजनबी रहना ही ठीक है
अजनबियों पर इतना ऐतबार नहीं रहता
अपना बनकर अक्सर लोग दगा देते हैं
अपनों का वार सहा नहीं जाता।

जिंदगी के खेल में हार जीत चलती रहेगी
धूप छांव मिलती रहेगी
भुलाकर पिछली बुरी यादों को
वक्त के साथ ताल से ताल मिलानी है
आगे अभी कितनी खूबसूरत जिंदगानी है।

हर रिश्ते में कुछ दर्द हैं
फिर भी निभ रहे हैं वो रिश्ते
जिनसे जुड़े कुछ फर्ज हैं।

अध्याय18

अपना हर कर्म ऐसे करें
जिससे कोई भी ना आहत हो
हर दिल को राहत हो
पूरी अपनी भी चाहत हो।

जो खुद को समय नहीं देते
जो खुद पर भरोसा नहीं रखते
जो खुद को नहीं पहचानते
जो अपने गमों के लिए
दूसरों को ही जिम्मेदार ठहराते हैं
वह अपने जीवन में
कभी कुछ नहीं कर पाते हैं।

डर लगता है रात के अंधेरे में
कहीं बाहर निकलने से
सोचती हूँ क्यों ना रोशनी के लिए,
कोई दिया जलाया जाए
मगर फिर सोचती हूं लोगों के दिलों का अंधेरा,
इससे कहीं ज्यादा गहरा है
उसके लिए क्या किया जाए।

अध्याय19

तिनका-तिनका जोड़कर एक घर बनाया था अपने ख्वाबों से
उसे सजाया था
अपने खून पसीने से
उसकी बगिया को सींचा था
आज वही घर उस माँ के लिए बेगाना है
कैसी बेबसी है ये रिश्तों की
उस घर में उस वृद्‌ध माँ का
अब रहा नहीं कोई ठिकाना है।
तिनका-तिनका जोड़कर एक घर बनाया था अपने ख्वाबों से
उसे सजाया था
अपने खून पसीने से
उसकी बगिया को सींचा था
आज वही घर उस माँ के लिए बेगाना है
कैसी बेबसी है ये रिश्तों की
उस घर में उस वृद्‌ध माँ का
अब रहा नहीं कोई ठिकाना है।

अध्याय20

मेरा घर आज भी मेरा इंतजार करता है
कमाने क्या निकले
अपने घर से ही बेगाने हो गए
खुशनसीबी है ये मेरी
मेरा घर आज भी मुझे याद करता है।

जिंदगी की बिसात
ज़रा सोचकर बिछाई जाए
ना जाने कब सैनिक भी वजीर बन जाए
कमजोरों की हस्ती मिटाने से पहले
जरा सोच लिया जाए।
ना जाने कब ईश्वर का इंसाफ हो जाए।

अध्याय21

कुछ कसमें बाकी रह गईं
कुछ रस्में बाकी रह गईं
कुछ ख्वाब बाकी रह गए
कुछ ख्वाहिशें बाकी रह गईं
सांसे थी जितने दिन की उतने दिन ही चलीं जीने को तो
पूरी जिंदगी बाकी रह गई।

जिंदगी दौड़ है,
एक दूसरे से आगे निकलने के लिए
यहां दौड़ लगी है
खुद को श्रेष्ठ साबित करने की होड़ लगी है।
मगर जिसने खुद के साथ,
ओरों के जीवन को भी संवारा है,
वही सही मायने में जिंदगी की दौड़ में
अव्वल आया है।

अध्याय22

हर शख्स का काम करने का,
अपना अलग अंदाज होता है।
जरूरी नहीं आप के तौर तरीकों से,
काम नहीं हुआ तो काम गलत होगा।
अपना नजरिया बदलिए जनाब!
काम के तौर-तरीकों पर नहीं,
काम के परिणाम पर नजर डालिए जनाब।

जीवन में यादें पीछा करती हैं
जो छोड़ गए हमें, उनकी बातें पीछा करती हैं
जीते जी सुध ली नहीं जिनकी
बाद मरने के उनकी कमी सताती है
याद में उनकी आँख भर आती है
जीवन में यादें पीछा करती हैं............

जो पीछे छूट गए समझो वो महज सपने थे
जो आज तक साथ निभा रहे हैं
वो ही बस अपने हैं।

23. मेरी क्या गलती?

मेरी क्या गलती थी जो
मुझे पिंजरे में कैद किया
मुझ निरीह को क्यूं तलवार से भेद दिया
मुझ बेजुबान प्राणी का क्या कोई मोल नहीं
मेरा जीवन क्यूं अनमोल नहीं
क्यूं मुझे जीभ के स्वाद की बलिवेदी पर चढ़ाते हो ?
क्यूं मेरी मौत का मातम नहीं मनाते हो ?
क्या हम बेजुबान जानवरों को जीने का अधिकार नहीं?
क्यूं हम मूक प्राणियों से किसी को प्यार नहीं ?
क्या आजादी सिर्फ मानव के हिस्से आई है ?
क्यूं बेजुबानों ने सिर्फ पराधीनता ही पाई है ?

अध्याय24

ऐ चाहत! भर दे तू सभी के दिलों में अपनापन देशवासियों के मन में ना आए,
एक-दूसरे के लिए परायापन
सभी के दिलों में भाईचारा हो,
फिर ना कभी मेरे देश का बंटवारा हो।

समझा नहीं जिसने वक्त का मोल
वक्त ने भी कर दिया उसे बेमोल
पाई नहीं फिर उसने कभी कामयाबी अनमोल
हार गया फिर वो जीवन का हर खेल।
इसलिए वक्त रहते वक्त की कीमत पहचान लो
वक्त के साथ चलकर जीवन अपना संवार लो।

अध्याय25

तोड़ दो उस रिश्ते को जो तुम्हें ग़म दे।
छोड़ दो उस शख्स को,
जो तुम्हारी निगाहें नम कर दे।
रिश्ता चाहे कितना भी जरूरी क्यों ना हो,
ताउम्र उसे बोझ की तरह ढोया नहीं जा सकता।
सिर्फ एक रिश्ते के लिए,
दूसरे रिश्तों को खोया नहीं जा सकता।

26. कवि हूँ मैं.........

कवि हुँ मैं, शब्द बुनता हूँ
खुशी के, ग़म के गीत गुनता हूँ
रचता हूँ प्रकाश ओरों के जीवन में
रह जाता है अंधेरा मेरे ही घर में।
कवि.........
जानता हूँ मैं हर दिल का भेद
पर खुद से ही रहा अंजान,
है इस बात का मुझे खेद
कवि.........
मानवता ही सबसे बड़ा धर्म है मेरा
मानवता की सेवा ही सबसे बड़ा कर्म है मेरा
जिस दिन हर मानव यह समझ जाएगा
उस दिन सर्वत्र मानवता का परचम लहराएगा।
कवि.........

27. चाहे जितने हिस्से कर लो तुम मेरे

चाहे जितने हिस्से कर लो तुम मेरे
माँ की ममता को बाँट नहीं पाओगे
जिस दिन तुम्हारी संतान मुंह फेरेगी तुमसे
उस दिन तुम मेरा दर्द समझ पाओगे
रोओगे, बहुत पछताओगे
मगर उस दिन मुझे कहीं भी ना पाओगे
एक माँ का कर्ज भला तुम कैसे चुका पाओगे
मगर मैं भी तुम्हारी माँ हूं
तुम्हें पीड़ा में कैसे देख पाऊंगी
मरकर भी उस रब से
तुम्हारे लिए माफी ले आऊंगी।

28. ख्वाब सभी देखते हैं मगर

ख्वाब सभी देखते हैं मगर
अपना ही ख्वाब कागज पर उतारा जाए
जरूरी तो नहीं
दर्द सभी के दिल में होता है मगर
अपना दर्द दुनिया को दिखाया जाए
जरूरी तो नहीं
दूसरों के विचारों और शब्दों पर भी कलम चलती है अपनी
सिर्फ खुद को ही बयां किया जाए
जरूरी तो नहीं...........

अध्याय29

दुनिया के देखे हैं हमने रंग कई हजार
मगर कोई रंग हमसे मिलता नहीं
कुछ रंग हमने भी लिए हैं उधार ।

जब तक जिंदा हैं तब तक काम है
बाद मरने के तो आराम ही आराम है
इसलिए अपना कर्म करो
जीवन को सार्थक करने के लिए कुछ धर्म करो
व्यर्थ के विचारों का तर्पण करो
बाकी सब ईश्वर के अर्पण करो ।

रिश्तों के भंवर में बस एक ही रिश्ता ऐसा मिला जिससे ना
कभी कोई दर्द मिला
ना कभी कोई गिला रहा
वो रिश्ता है मुझसे मेरी माँ का
जिसमें मुझे सारी दुनिया का सुकून मिला ।

30. मैं.......

मैं वो सदा नहीं बनना चाहती
जिसे कोई भी अनसुना कर दे।
मैं वो अदा नहीं बनना चाहती
जिसे कोई भी भुला दे।
मैं वो चाहत नहीं बनना चाहती
जिसे कोई भी ठुकरा दे।
मैं वो राहत नहीं बनना चाहती
जो महज दो पल का सुकून दे।
मैं वो रीत नहीं बनना चाहती
जिसे कोई भी बदल दे।
मैं वो जीत नहीं बनना चाहती
जो हारे हुए को गम दे।
मैं वो प्रीत बनना चाहती हूँ
जो गैर को भी अपना बना दे
जो हर मजहब की दीवार गिरा दे
जो सारे जहां को एक माला में पिरो दे।

अध्याय31

जख्म भी यहां टुकड़ों में मिलता है
कैसे उसे सिया जाए ।
चैन भी यहां किस्तों में मिलता है
कैसे यहां जिया जाए ।

पत्थर के हैं लोग यहां
पत्थर की है दुनिया सारी
गरीब और शरीफ का कोई साथी नहीं यहां
सबकी है अमीरों से यारी
पत्थर के हैं लोग यहां पत्थर की है दुनिया सारी।

खामोशी के साए में जीते हैं
जहर जिंदगी का पीते हैं
खुशी से जीने का हक उनका भी है
जिनके हाथ रीते हैं ।

अध्याय32

दुनिया के दस्तूर बढ़े ही निराले हैं
हर खुशी और गम में छलकते बस
मय के प्याले हैं
कहने को सभी दिलवाले हैं
मगर गरीबों के लिए
खुलते नहीं इनके ताले हैं।
दुनिया के दस्तूर बढ़े ही निराले हैं
वैसे सभी शराफत दिखाने वाले हैं
मगर कोई बिरले ही ईमान वाले हैं।
दुनिया के दस्तूर बढ़े ही निराले हैं
कहने को सभी हिम्मत वाले हैं
मगर अन्याय के खिलाफ
सभी बेजुबान हो जाने वाले हैं
कोई बिरले ही सत्य के लिए
आवाज उठाने वाले हैं
सुना है वह तो मतवाले हैं।

अध्याय33

ये फितरत है इस जमाने की
ठोकर भी उन्हीं से लगती है
जिनसे चाहत नहीं होती दूर जाने की ।

मंजर ये तबाही का अब
गवारा ना होगा
धर्म के नाम पर अब
दिलों का बंटवारा ना होगा।

अध्याय34

मजबूर हुए हम इतने की
मशहूर हो गए।
दौलत वाले भी ना खरीद सके
दोस्ती हमारी
यूं ही नहीं हम मगरूर हो गए।

मजहब की दीवार गिराती है दोस्ती
दौलत का अंबार ठुकराती है दोस्ती
दोस्त हो मुश्किल में अगर तो
अपनी जान दांव पर लगाती है दोस्ती।

अध्याय35

वक्त के साथ जो रंग बदले
वो दोस्ती नहीं सौदेबाजी है।
दोस्ती का ना व्यापार चला
दोस्तों का ना बाजार सजा।
करनी है दोस्ती अगर तो
श्रीकृष्ण-सुदामा सी कर
जिसे हर हाल में निभाता चल।

रिश्तों में चोट कई खाई हैं
अपनों से ही मिली बेवफाई है
फिर भी हमने ही पाई रुसवाई है
नारी के लिए ये कैसी दुनिया बनाई है
अपनों में भी वो पराई है।

अध्याय36

छोड़ दिया हमने अब आँसू बहाना
आँसुओं की कीमत समझता नहीं है ये जमाना।

ऐ जिंदगी! तुझसे बस इतनी शिकवा हुई
मैंने तो चाहा तुझे बड़ी ही शिद्दत से
फिर तू क्यों मुझसे बेवफा हुई।

हंसते हुए चेहरों के पीछे भी
दर्द का पहरा होता है
तिरस्कार ना करो कभी किसी का
शब्दों का घाव,जख्म से भी गहरा होता है।

अध्याय37

कभी हालात से हारे हैं
कभी जज़्बात से हारे हैं
रहे जब तक ओरों के सहारे हैं ।
जब से महादेव का दामन थाम लिया
तब से सिर पर जीत का सेहरा बांध लिया।

लिखूं आज कुछ यह मन की अभिलाषा है
कितना ही व्यक्त करूं जज़्बात दिल के
यह दिल फिर भी क्यों प्यासा है।

अध्याय38

शोक एक रेगिस्तान है जहां
खुशी का कोई फूल नहीं खिलता
उल्लास को अपने गुलिस्तान बनाओ
अपनी बगिया को खुशियों से महकाओ।

गुजरे उन राहों से भी
जिनकी कोई मंजिल नहीं थी
हारे उन अपनों से ही
जिनसे उम्मीद बहुत थी।

अध्याय39

जिंदगी के पन्ने कितने ही पलटो
कोई नई बात नज़र नहीं आएगी बल्कि
बीती बातों की धुंध और भी गहराती जाएगी
भविष्य के बारे में कितना ही सोचो
मन की दुविधा ओर भी बढ़ती जाएगी
इसलिए बेहतर है हमेशा वर्तमान में ही जीएं
कल की चिंता में आज की खुशियां ना खोएं।

जो चाहा वो कभी मिला नहीं
जो पाया उससे भी गिला नहीं
फिर भी नसीब ने दिया कोई सिला नहीं।

अध्याय40

चाह नहीं पूजी जाऊं मूरत बनकर
चाह नहीं दिलों पर छा जाऊं खूबसूरत बनकर चाह है तो बस इतनी
किसी को खुशी दे सकूं उसकी जरूरत बनकर।

शब्द चाहे ठहरे हों
भाव लेकिन उनमें गहरे हों
कलम पर कितने ही कड़े पहरे हों
सत्य को ही हासिल जीत के सेहरे हों।

अध्याय41

जाने कब जिंदगी बदल जाए
ख्वाहिशों को तेरी भी पंख लग जाए
मायूस ना कर खुद को इस कदर
जाने कब आसमां पर
तेरा भी नाम लिख जाए।

छोड़ दिया रिश्ते निभाना हमने
रिश्तों में सौदेबाजी बहुत है
कहते हैं लोग हमें तुम मतलबी हो गए
मगर कैसे कहें हम उन्हें
सौदागरी हमें भाती नहीं है।

अध्याय42

कहने को तो खुशियों के मौसम
देखें हैं हजार
जिसमें कोई आँख रोई नहीं
ऐसे मौसम मिले हैं बस दो, चार।

ऐ ज़िंदगी! कश्ती पर मेरी
नाम लिखा था तेरा
मझधार में कैसे हम डूब जाते
तूने ठुकराया है हर बार मुझे
पर मैंने बड़ी शिद्दत से चाहा है तुझे
कैसे हम तुझसे दूर हो जाते।

अध्याय43

जिंदगी एक ख्वाब है,शायर के लिए
जिंदगी एक किताब है,विद्यार्थी के लिए
जिंदगी महज़ धमाल है,बच्चों के लिए
जिंदगी महज़ सवाल है, आम इंसान के लिए
जिंदगी धर्म का साधन है, मुमुक्षु के लिए
जिंदगी कर्म की आराधना है, कर्मशील के लिए
जिंदगी नित नया ख्याल है,कवि के लिए
जिंदगी एक खेल है, खिलाड़ी के लिए
हर शख्स के लिए जिंदगी के
अलग-अलग मायने हैं
मेरे लिए जिंदगी महज़ एक पहेली है
जो कभी बन जाती मेरी सहेली है
तो कभी छोड़ देती मुझे अकेली है।

अध्याय44

खिलते फूलों में तेरी ही सूरत दिखती है
तू किसी मंदिर की मूरत दिखती है
इतनी पवित्रता है तुझमें माँ
पावन गंगा सी तेरी सीरत दिखती है
दुनिया में तू सबसे खूबसूरत दिखती है।

सुकून जिंदगी का तुझसे ही पाया है
दर्द में भी तू ही हमसाया है
अश्कों की जुबां तेरे सिवा
भला कौन समझ पाया है
जिंदगी ने तो हर कदम पर आजमाया है
बस अपने मन ने ही हर कदम पर
साथ निभाया है
सही-गलत का रास्ता समझाया है।

अध्याय45

दो पल ठहर जा ऐ वक्त!
बिखरी जिंदगी अपनी समेट लूं
टुकड़ों में बंटे हैं रिश्ते, ज़रा उन्हें जोड़ लूं
सितम कई सह गई खामोशी से
जरा खामोशी अपनी तोड़ लूं
मगर कह गया मुझसे वक्त-
मिलूंगा तुझसे जिंदगी के आखिरी छोर पर
मगर तब भी ये ना कहना
दो पल ठहर जा ऐ वक्त.................

अध्याय46

हस्ती मेरी यहां छोटी है क्योंकि
अमीरों की जेब जरा मोटी है
जिस दिन गरीब की झोपड़ी में जाऊंगी
सम्मान बहुत पाऊंगी क्योंकि
मेरा नाम "रोटी" है।

ज़िंदगी कहाँ है तू
कब से भटक रहा हूँ मैं, तेरी तलाश में
जी रहा हूं बस, बनकर लाश मैं
अब तो ले ले मुझे अपने आगोश में
कहीं खो ना दूं फिर से अपने होश में।

अध्याय47

जब तक साथ थे अपने
तब तक कद्र की नहीं
जबसे सबसे दूर हुए हैं
ग़म से मानो चूर हुए हैं
खोकर ये मालूम हुआ सबको
बिना अपनों के साथ के
जिंदगी का कोई मज़ा नहीं
अकेलेपन से बढ़कर कोई सज़ा नहीं।

हे नारी! तू ऐसा गुलाब ना बन
जिसकी सुंदरता की तारीफ की जाए
जिसकी महक लेने को हर शख्स
बेताब नजर आए।
हे नारी! तू ऐसा सूरज बन
जिसकी ओर गलत कदम बढ़ाने से पहले ही हर दुष्ट झुलस
जाए।

अध्याय48

खुशियों की तलाश में भटके ताउम्र
जब पहुंचे मौत के कगार पर
तो खुशियां नजदीक आ कर मुस्कुराईं
और बोली मुझसे
मैं तो हमेशा से ही करीब थी तुम्हारे
तुम ही पहचान नहीं पाए खुशियों के नजारे।

49. एक अमीर की कहानी

देखी है दोलत मेरी जमाने ने
दोलत के पीछे छिपी मेहनत
मेरी देखी नहीं जमाने ने
देखी है शोहरत मेरी जमाने ने
शोहरत के पीछे छिपी कुर्बानी
मेरी देखी नहीं जमाने ने
देखी है हंसी मेरी जमाने ने
हंसी के पीछे छिपे अश्क
मेरे देखें नहीं जमाने ने
कहता है यह जमाना मुझसे,
बहुत खुशनसीब हो तुम
जो सब कुछ पाया है
जो मैंने पाया उसके पीछे क्या खोया है
ये जाना नहीं जमाने ने।

अध्याय50

दुनिया की भीड़ में हम चलते गए कायदे से
मगर लोग हमसे जुड़ते गए अपने फायदे से।

कुछ वक्त के लिए थम जा ऐ वक्त!
मुझे भी वक्त दे ज़रा
मैं भी संभल जाऊं ज़रा
बहुत मर-मर के जिए ओरों की खातिर
चंद लम्हे खुशी के अपने लिए भी जी लूं ज़रा।

मैं कोई शायर नहीं जो
किसी पर शायरी लिख दूं
मैं कोई आशिक नहीं जो
मोहब्बत पर डायरी लिख दूं
मैं तो गीत हूं उजालों का
क्यों ना आज से अंधेरों को
हर जीवन में आखिरी लिख दूं।

अध्याय51

जमाने ने मुझे आजमाने की ठानी है
मगर मैंने भी कहां हार मानी है
जीत गए हम दुनिया के बाजीगरों से मगर
हार गए वहां जहां सौदागर अपने ही घर के थे।

उम्मीद के दामन में फूल कई खिले थे
कुसूर सिर्फ तुम्हारा है
तुमने ही निराशा के शूल चुने थे।

52. मेरी माँ

मेरी माँ के बिना मैं अधूरी हूं
मेरे लिए माँ और माँ के लिए मैं जरूरी हूं
मेरे मन का आईना है माँ
और मैं उसका साया हूं
मेरी माँ के बिना मैं अर्थहीन शब्द हूं
महज़ एक प्राणहीन शरीर हूं
मेरी माँ से ही तो मैं संपूर्ण हूं।

मेरे पास आओ, अपने हर गम भूल जाओ
ना मैं किसी मंदिर में, ना मैं किसी मस्जिद में,
मुझे अपने ही मन के दर्पण में पाओ
कभी सखा, कभी गुरु, कभी दुख हर्ता ईश्वर
जो तुम चाहो वही मुझमें पाओ
छोड़कर हर बुरे कर्म को बस मुझमें समा जाओ।

अध्याय53

कुछ रिश्ते जो खास हैं
सदा रहता जिनमें अपनेपन का एहसास है
जो बिना कहे ही समझ लेते हैं जज़्बात हमारे
हंसते चेहरे के पीछे भी जान लेते हैं
जो छिपी उदासी हमारी
वो चाहे हमसे कितने भी दूर रहें
पर दिल से हमेशा हमारे पास हैं।

अध्याय54

किस बात का गिला है तुम्हें उस रब से
सब कुछ तो मिला है तुम्हें उस रब से
देखी है तुमने रौनक महलों की
जरा झोपड़ियों की उदासी भी देखो
देखी है तुमने चमक कारों की
जिनके पैर तक नहीं हैं
उनकी हालत भी देखो
मध्यमवर्गीय जीवन जी कर भी
तुम दुखी हो, भूल जाओगे तुम दुख अपना
जिन्हें दो वक्त का खाना भी नसीब नहीं
जरा उनकी जिंदगी भी देखो।

अध्याय55

ताउम्र तन्हा रहे हैं जो
अपनी खुशी की खातिर
उन्हें दर्द का क्या एहसास
अकेलेपन का दर्द उनसे पूछो
जो भरी महफिल में भी तन्हा हैं।

दिल को मंजूर नहीं दर्द किसी का
फिर भी निगाहों से हटता नहीं
मंजर अपनी ही यादों का।

अध्याय56

जिंदा हूं मगर जिंदगी नहीं है
असफल हुआ हूं मगर शर्मिंदगी नहीं है
सुकून है तो बस इस बात का
कम से कम मैंने कोशिश तो की है।

पानी कभी एक जगह रुकता नहीं
पानी को बह जाना है
वक्त भी कभी एक जगह ठहरता नहीं
अच्छा हो या बुरा
वक्त को भी एक दिन गुजर जाना है।

अध्याय57

दिखाई नहीं देता आजकल ईमानदारी से सरोकार किसी का
हर तरफ फैला है व्यापार बेईमानी का
कोई काम होता नहीं रिश्वत के बिना
कोई इलाज मिलता नहीं भ्रष्टाचार जैसी
लाइलाज बीमारी का।

अब खोना क्या है जब जीवन में
कुछ शेष ही ना रहा
अब पाना क्या है जब जीवन से
कुछ आस ही ना रही
सर्वस्व समर्पित कर दिया है
ईश्वर के चरणों में
अब मेरी मुझसे ही मुलाकात ना रही।

अध्याय58

जब किस्मत साथ दे तो
रंक भी राजा बन जाता है
जब किस्मत साथ छोड़े तो
राजा भी दर-दर का भिखारी बन जाता है।

❧❧❧

जज्बातों के भीतर एक द्वंद सा चलता है
क्या सही है, क्या गलत है
अक्सर यह पता नहीं चलता है
इस संघर्ष में अपना अंतर्मन ही
सही राह दिखाता है मगर
सत्य की राह पर बहुत कुछ खोना पड़ता है प्रतिपल दर्द की आग में जलना पड़ता है
अदम्य साहसी ही इस राह पर चल पाता है
स्वयं कांटों पर चलकर ही दूसरों के लिए गुलशन सजा पाता है
दुनिया में फिर वहीं महान कहलाता है।

59. कुछ पल ऐसे होते हैं

कुछ पल ऐसे होते हैं
जो हमें भीड़ में भी तन्हा कर देते हैं
कुछ पल ऐसे होते हैं
जो खुशियों से सराबोर कर देते हैं
कुछ पल ऐसे होते हैं
जो हमारी जिंदगी की दिशा निर्धारित कर देते हैं कुछ पल
ऐसे होते हैं
जो हमें अंधेरे गर्त में डुबो देते हैं
कुछ पल ऐसे होते हैं
जो हमें हमारी मंजिल से भटका देते हैं
कुछ पल ऐसे होते हैं
जिसमें हम जीवन का हर सुख पा लेते हैं।
कुछ पल जिंदगी बिगाड़ देते हैं
कुछ पल जिंदगी संवार देते हैं
यह पल जीवन भर मिलते ही रहते हैं
यह हमारे ऊपर निर्भर करता है कि
हम उन पलों का कैसे सदुपयोग करें।

अध्याय60

तेरा दर्द तू जाने
कोई दूसरा भला उसे कैसे पहचाने
अपने दर्द की दवा तू खुद कर
किसी ओर से क्यों आस लगाए।

❧❧❧

जीवन में जो कुछ पाया है
सब माँ की कृपा से ही आया है
मुझ पर मेरी माँ के आशीर्वाद का साया है जिसके सिर पर हाथ हो माँ का
उसे भला कौन हरा पाया है।

अध्याय61

रिश्तों को बांधे रखना आसान नहीं
तलवार की धार पर चलने से भी
मुश्किल काम यही।

❧❧❧

कौन हिसाब रखे दूसरों के दुख-दर्द का यहां हिसाब रखा जाता है बस दौलत का यहां।

❧❧❧

जिसके मन में बसे हैं “श्री राम”
उसे दुनिया से भला क्या काम
उसके लिए तो मिट्‌टी और सोना है एक समान दुनिया में कोई बिरला ही होगा ऐसा इंसान।

अध्याय62

ख्वाहिश थी कभी
आसमां पर छा जाने की
मगर बंदिशें हजार हैं यहां
ख्वाहिशों कि तू बात ना कर
पर कतरने वाले हजार हैं यहां
उड़ने की तू बात ना कर
बेटी होना कोई गुनाह तो नहीं
जो कहते हैं सब यहां
हक की तू बात ना कर।

घर की दरार अब रिश्तों पर छाने लगी है
रिश्तों की कड़वाहट अब दिल तोड़ने लगी है
जो था घर कभी, अब रणक्षेत्र बनने लगा है
माँ के बिना अब यह घर बिखरने लगा है।

अध्याय63

जिंदगी एक फूल है
जिसके अपने ही उसूल हैं।
जो होता है काबिल,
उसके जीवन को ये,
खुशियों से महका देती है।
जो होता है नाकाबिल,
उसके जीवन में भर देती ये शूल है।
जिंदगी को समझना ही
सब सुखों का मूल है,
जो ना समझ सके इसे
उसे बना देती ये जिंदगी धूल है।

लिखूं कुछ आज, वक्त का तकाज़ा है
मगर दर्द अभी जरा ताजा है
शब्दों का छूट रहा खुशियों से नाता है
दर्द भरा ख्याल भला किसे सुहाता है
इसलिए कह देते हैं हमें लिखना नहीं आता है।

अध्याय64

हर बार दिल की बात साफ-साफ
कहीं नहीं जा सकती
कुछ रहती है झिझक मन की
कुछ डर जमाने का और फिर
कुछ देखना पड़ता है मन सामने वाले का।

थोड़ी सी यादों की रोशनी रहने दो दिल में
वैसे भी अंधेरा बहुत है जीवन में

ना छीन मुझसे मेरी यादों में
मुस्कुराने का हक
अभी बाकी हैं जीवन में उतारने
और भी गहरे सबक।

अध्याय65

आँसू गिरे चाहे किसी की भी आँख से
दर्द तुमको भी होना चाहिए
मानव हो मानव की पीड़ा
समझ में आनी चाहिए
अपने दर्द पर तो सभी आँसू बहाते हैं
गैरों के दर्द पर भी यही आह
मन से निकलनी चाहिए
चाहे दर्द मिटा ना सको किसी का
कम से कम दर्द तो बाँटना चाहिए
मानव हो मानव की पीड़ा
समझ में आनी चाहिए।

अध्याय66

मैंने दुनिया से सीखा है
शराफत भले ही काम आए ना आए
दौलत बड़े काम की चीज़ है।

जब तक दुनिया है तब तक
दर्द की दास्तान जरुरी है
दर्द ना हो तो सुख की कीमत क्या होगी
दर्द ना हो तो खुशियों की जरुरत क्या होगी
दर्द से ही इंसानों में इंसानियत बाकी है
दर्द से ही दुनिया में रब का नाम बाकी है।

अध्याय67

बसंत मैं फूल कितने खिले गुलशन में
इसकी सबको है खबर
पतझड़ में कितने पत्ते टूटे शाख से
इससे हैं सब बेखबर
किसको कितनी खुशियां मिलीं
इसकी जमाने को है खबर
किसने कितने ग़म सहे
इससे हैं सब बेखबर।

अध्याय68

जिसके जीवन में कभी पतझड़ आया ही नहीं उसने सावन का मज़ा कभी जाना ही नहीं
जो कभी बाधाओं से टकराया ही नहीं
उसने मंजिल पाने की खुशी को
कभी पाया ही नहीं।

कोई खबर नहीं हमको दुनिया की
हम खुद में ही मशगूल हैं
दुनिया चाहे किसी भी राह पर चले
हमारे अपने ही उसूल हैं।

अध्याय69

अपनी राह बनाने निकले हैं जब से
ज़माने को शिकवे हजार हुए हैं तब से।
अंधेरों में दीप जलाने की ठानी है जबसे आंधियों ने भी ना
रुकने की
कसम खा ली है तब से।
ईमानदारी की ज्योत जलाई है जबसे
बेईमानों की निगाहों में तीर की तरह
चुभे हैं तब से।
समाज से बुराई मिटाने की सोच
मन में आई है जब से
लोगों ने हमें ही बुरा बनाने की
कोशिश जारी की है तब से।
ज़माने ने हमारी राह में कांटे बिछाना
शुरू किया है जब से
हमने भी नई राह बनाना सीख लिया है तब से।

अध्याय70

रिश्तों के टूटने की ये दो ही मुख्य वजह हैं
हमारा अपना अहम और
दूसरों के प्रति हमारा वहम इसलिए
मुक्त हो जाओ अहम से
दूर रहो हर वहम से।

नियमों में बंधना मुझे स्वीकार नहीं
हां मगर उच्छृंखलता के लिए मैं बेकरार नहीं कैसे मैं कह दूं, मुझे आजादी से प्यार नहीं।

71. मेरे राम

मेरा मुझमें कुछ भी नहीं है
जो कुछ भी है सब तेरा
फिर क्यों भटकूं मैं दर-दर
जब मेरा मन ही है घर तेरा
बस एक बार आकर
मुझे अपने सीने से लगा जाना
मेरे मन की पीड़ा को दूर कर जाना
बस फिर दूर वो जाऊंगी मैं इस दुनिया से
मुझमें भी बसे हैं मेरे राम यह कह जाना।

अध्याय72

ख्वाहिशें जिंदगी की कब मिटती हैं
एक समाप्त तो दूसरी मन में आ जाती है सोचती हूं, इन ख्वाहिशों के बंधन से
आजाद हो जाऊं
हर दर्द से फिर मुक्ति पा जाऊं
मगर फिर से कोई ख्वाहिश
मन को विचलित कर जाती है
और फिर से मैं ख्वाहिशों के
जंगल में घिर जाती हूं।

"जिंदगी है, इसलिए जी रहे हैं"
इस बात को अब परे हटाइये
"जी रहे हैं, इसलिए जिंदगी है"
कुछ काम ऐसा कर जाइए।

73. मेरी कलम

मेरी कलम कहती है मुझसे
क्यों आजकल खफा रहती हो मुझसे
फैली है अगर समाज में बुराई
तो इसमें मेरी क्या गलती है?
बना लो मुझे तुम ही अपनी तलवार
करो फिर बुराई पर प्रहार
बस जीवन में मानना ना कभी हार
देती रहना प्रतिपल मुझे सच्चाई की धार।

अध्याय74

दर्द की यह दास्तान पुरानी है
मत उठाओ किसी की मजबूरी का फायदा आज किसी और की तो कल
तुम्हारी अपनी बारी है।

मैं शीशा नहीं कोई
जिस पर पर्दा डाल दोगे तुम
मैं तो तुम्हारे मन का आईना हूं
मुझसे अपनी कमियां कैसे छुपाओगे तुम।

अध्याय75

दौलत कमाने के लिए
छोड़ कर अपने देश को
निकला था परदेस को
कागज़ के रुपए तो
खूब कमाए मैंने मगर
अब समझा हूं असली दौलत
अपनी गंवा आया मैं
आज बैठा हूं मैं
फिर से बनकर देसी
भूलकर हर बात परदेसी
मगर यह खालीपन
कब भरेगा दिल का
जब मिलन होगा मेरा और
मेरे देश की धरा का।

अध्याय76

वादा ना करो कभी किसी से ऐसा
जो निभा ना सको
कहीं ऐसा ना हो फिर
उसकी उम्मीद टूटने की दास्तान
तुम सुन ना सको

सबक ये जिंदगी का हर रोज मिला
जब तक धनहीन हो, रहेगी सबको तुमसे गिला हर बात में
होगी बस तुम्हारी ही खता
जिस दिन दौलत वाले बन जाओगे
उस दिन सबकी आँख का तारा कहलाओगे तुम्हारी हर
गलती भी नजर अंदाज कर दी जाएगी।

अध्याय77

तुम्हें सोचूं, तुम्हें लिखूं
प्रतिपल बस तुम्हें निहारुं
बस एक बार बता दे कान्हा!
तुम्हें कैसे मैं रिझाऊं
अपने मन के दर्पण में तुम्हें बसाऊं
एक क्षण भी ना तुम्हें बिसराऊं
प्रतिपल तेरे ही गुण गाऊं
बस कृपा इतनी करना सांवरिया
एक बार तेरी बंसी की धुन सुन पाऊं
भूल कर सुध-बुध अपनी तुझमें ही समा जाऊं।

अध्याय78

तिनका-तिनका जोड़ कर
घर बनाया था अपना
जीवन भर दुश्मनों से सावधान रहे मगर
मेरी बर्बादी का जिम्मेदार कोई
अपना ही निकला।

कैसी विडम्बना है यह लोगों की
जब तक तारीफ़ करते रहो तब तक
अच्छे और सच्चे हैं हम
जो सच्चाई बयां कर दी तो
फिर समझ के कच्चे हैं हम।

अध्याय79

रब से शिकायतें तो हजार हैं
मगर जब भी मैं शिकवा करने जाती हूं
मेरे माता-पिता की सूरत सामने आ जाती है
और मैं रब को धन्यवाद दे आती हूँ।

सत्य की राह पर चलें वो
जो जिन्दा हैं वरना
मुर्दों का ठिकाना तो सिर्फ श्मशान है।

अध्याय80

खुद से खुद का पता पूछते हैं
आजकल अपने ही शहर में लापता से घूमते हैं यह भी क्या कम है
होती है जब जरूरत लोग मुझे ढूंढते हैं।

ना जाने ये किसने हक में दुआ की है मेरे
जो रब ने आज बेशुमार खुशियां
नाम लिखीं हैं मेरे
इन खुशियों पर हक सिर्फ मेरी माँ का है
जिसने रब से अपने लिए मांग लिए दर्द सारे मेरे।

उजालों से दोस्ती हुई है जब से
अंधेरों से दुश्मनी हुई है तब से
अब अंधेरा चाहे कैसा भी हो
मुझे छिपा नहीं सकता
सत्य की राह पर चलने से मुझे
डिगा नहीं सकता।

81. रिश्ते

रिश्ते निभाने के लिए त्याग
कई करने पड़ते हैं
खुद अभावों में रहकर भी
दूसरों के शौक पूरे करने पड़ते हैं।
कतरा कतरा होकर बिखर जाओ
चाहे खुद, मगर
पूरे परिवार को एक माला में पिरो कर
रखना पड़ता है।
रिश्ते निभाने के लिए दर्द कई सहने पड़ते हैं
आंखों में आंसू हों फिर भी चेहरे पर
मुस्कान रखनी पड़ती है।
रिश्ते निभाने के लिए खुद को मिटाकर भी
रिश्तों की पहचान रखनी पड़ती है।

अध्याय82

ऐ मेरे प्रभु! दर्द इतना ही दीजिए
जितना सह सकें
दुनिया में भगवान हैं यह कह सकें।

प्यार का दूसरा नाम त्याग था कभी
आज प्यार का दूसरा नाम बस भोग है
यही दुनिया का सबसे बड़ा रोग है।

अध्याय83

असंभव कुछ भी नहीं संसार में
स्वर्ग से गंगा को धरा पर ला दिया
भागीरथी प्रयास ने।
दूसरों की सफलता और
असफलताओं पर ध्यान ना धरो
बस अपने लक्ष्य की प्राप्ति के लिए
अनवरत प्रयास करो
आज हारे हो तो भी मन को ना निराश करो
कल जीतोगे जरूर
मन में यह विश्वास रखो।

अध्याय84

जिंदगी वह किताब है
जिसमें मिल जाता
हर सवाल का जवाब है
कुछ महान हस्तियों की जिंदगी की
किताब के पन्ने खोलो
अपने सवालों को उनके अनुभवों से तोलो
फिर देखो किस उलझन का तुम्हें
हल नहीं मिलता
बस इतना याद रखना
बिना संघर्ष के खुशी का
कोई पल नहीं मिलता।

तन्हाई के बदले
मुझे महफ़िल नहीं चाहिए
मत छीनो मुझसे मेरा सुकून
मुझे जमाने का शोर नहीं चाहिए।
ना समझे चाहे कोई भी मेरा दर्द
मगर मुझे झूठी हमदर्दी नहीं चाहिए।

अध्याय85

कुछ पल के लिए मैंने मौत से दोस्ती कर ली
मगर जिंदगी ने मुझे बेवफा समझ लिया
ऐ जिंदगी तू मुझसे इतना भी प्यार ना कर कि
मौत भी आए तो तुझे मुझसे जुदा ना कर पाए।

जिंदगी के खेल में हम जीते तो नहीं
मगर यह भी क्या कम है
हम जीना सीख गए।

कर दूं अपना सर्वस्व समर्पण
भोलेनाथ तेरे चरणों में
बस तू कर अपनी भक्ति का अर्पण
मेरे मन के दर्पण में।

अध्याय86

दुनिया का हर कर्ज चुकाया जा सकता है
मगर जिनके हम हमेशा कर्जदार रहते हैं वह हैं- माँ की ममता का कर्ज और
पिता का निभाया हुआ फर्ज।

बीते लम्हें तो बीत जाते हैं
मगर यादें कई छोड़ जाते हैं
कुछ खुशी की कुछ गम की
बातें छोड़ जाते हैं
जिनकी कसक ना जाए कभी
ज़हन में ऐसी मुलाकातें छोड़ जाते हैं।

कैसे मान जाऊं मैं किसी काबिल नहीं
भले ही दुनिया की नजरों में हारा हूं
मगर अपने मन से मुझे हार गवारा नहीं।

अध्याय87

बस इतनी सी ख्वाहिश है तुझसे ऐ जिंदगी!
जब तुझसे मेरी आखिरी बात हो
तुझसे मिलन की आखिरी रात हो
तब जमाने में सबके नम जज़्बात हों।

ख्वाहिशें जिंदगी की कभी कम ना हुईं
ये भी क्या कम है
निगाहें ये फिर भी नम ना हुईं।

जरुरत है तो बस सही मार्गदर्शन की
वरना काबिल कोई भी कम नहीं।

अध्याय88

दुखों का खौफ इस कदर छाया
मौत को गले लगा लिया
जब देखा मृत्यु का तांडव
समझ आया इससे तो जिंदगी बेहतर थी
फिर बांधे मन्नत के धागे ईश्वर के चरणों में
और फिर से दूसरा जन्म पा लिया
अब खुश हैं अभावों में भी क्योंकि
हर भाव को अब पहचान लिया।

अध्याय89

मजबूरियों से हार कर,
दुखों से परेशान होकर
अपनी कमजोरियों से भागकर
भला कहां जाओगे
जहां जाओगे बस यही नजारे पाओगे
अगर मर भी गए तो अपनी आत्मा को
कैसे शांत कर पाओगे
तुम्हारा परिवार धिक्कारेगा तुम्हें
कायर कहकर पुकारेगा तुम्हें
मरने के बाद भी तुम फिर कैसे सुकून पाओगे
इससे बेहतर है अपने परिवार को साथ लेकर हर परेशानी
से बाहर निकलने का प्रयास करो
खुद को कभी ना इतना निराश करो
रात चाहे कितनी भी अंधेरी हो
सुबह होकर ही रहती है इसलिए
खुद में एक नया विश्वास भरो
समस्या का नहीं बल्कि
उसके समाधान का विचार करो।

अध्याय90

दुख में अकेलापन तकलीफ देता है
मगर उतना नहीं जितना
अपनों का बदल जाना।

हुनर जीने का आ जाए
बस और क्या चाहिए जिंदगी से
हर ग़म को हरा देंगे फिर
सहरा में भी फूल खिला देंगे फिर
हम क्या हैं, जमाने को बता देंगे फिर
बस एक बार हुनर जीने का आ जाए।

क्या भूल गए तुम
क्या याद रखा
इससे कोई फर्क नहीं पड़ता
बस लोग यह याद रखते हैं
तुमने उनके साथ कब
कैसा व्यवहार रखा।

अध्याय91

या तो ऐ जिंदगी!
तू मुझे इतना सताया ना कर
या फिर जब जाऊं मैं मौत की राहों पर,
मुझे वापस बुलाया ना कर।

बोलना तो बहुत आता है मुझे
फिर भी बात करने से कतराते हैं आजकल
कोई बुरा ना मान जाए इसलिए
चुप रहते हैं आजकल।

हम ताउम्र वहां ढूंढते रहे अपना ठिकाना
जहां सिर्फ दिखावे के रिश्ते थे
अफसोस इस बात का रहा
हम कभी वहां गए ही नहीं, जहां कोई
मेरा अपना, ताउम्र मेरा इंतजार कर रहा था।

अध्याय92

खामोशियों से मेरा नाता पुराना है
मगर आजकल शोर का जमाना है
इसलिए शायद जमाने ने मुझे अजनबी माना है।

हमने तो जाना रिश्ते बनते हैं
दिलों के मेल से
समझे ही नहीं कभी हम
रिश्ते भी चलते हैं चालाकी के खेल से।

जिंदगी के खेल जरा जुदा हैं
जिसपे हर खिलाड़ी फिदा है
मगर जिसने खेलना सीखा नहीं
उसका हाल बुरा है।

अध्याय93

किसी भी कवि की कविता
बिकाऊ नहीं होती
मगर ये भी एक निर्मम सच्चाई है कि
बिना कीमत के किसी भी चीज़ की
कद्र नहीं होती।

एक नज़र हमारी है एक नज़र तुम्हारी है
हमने अपनी नज़रों से देखा तो
दुनिया बड़ी ही प्यारी है
और तुम कहते हो दुनिया में हर तरफ़
भरी मक्कारी है।

ऐ मेरे प्रभु! इनायत इतनी करना मुझपे
जब भी ठोकर लगे,
थाम लेना मुझको।

अध्याय94

हर दर्द के पीछे
ग़म का कोई किस्सा है
जिसमें थोड़ा मेरा
थोड़ा किसी ओर का हिस्सा है।

मुस्कुराते चेहरे के पीछे दर्द बेशुमार है
सलाम है उस शख्स को
गम में भी मुस्कान जिसके साथ है।

अध्याय95

सिर्फ मैं जानती हूं एक बेटी की कहानी
सुनिए आज उसे मेरी जुबानी
अपने ही घर में एक बेटी बेगानी हो गई
किसी ओर घर में बहू बनकर
चाबी से चलने वाला खिलौना हो गई
जो इंकार किया इससे तो
महज़ सजावट का सामान हो गई
जो आवाज उठाई इसके खिलाफ तो
जलकर राख हो गई
राख उड़ी कुछ दिनों तक हवाओं में
फिर गुमनाम हो गई
इस तरह एक कहानी शुरू होने से पहले ही समाप्त हो गई।

96. किसान

प्यासी धरा पर हल चलाकर
जो उसकी प्यास बुझाता है
वो है किसान
अथक परिश्रम करके अन्न उपजाता है जो
वो है किसान
सर्दी हो, गर्मी हो या हो बरसात, मौसम के थपेड़ों को सहकर
भी जो
हार नहीं मानता
वो है किसान
ऊसर में भी फूल खिलाने की
क्षमता रखता है जो
वो है किसान।

अध्याय97

ऊंचाई पर पहुंचकर भी
जमीन का भान रखना
चाहे कितने भी कामयाब हो जाओ
अपने माता-पिता का मान रखना
ना चलना कभी भी भ्रष्टाचार की राह पर
अपना भी स्वाभिमान रखना।

कभी चटक जाते हैं रिश्ते शीशे की तरह
हम उन्हें सहेजते रह जाते हैं मोती की तरह
कितना ही समेटो उन्हें माला की तरह
फिर भी घाव रह जाते हैं उनमें गांठ की तरह
एकतरफा रिश्ते टूट ही जाते हैं, ख्वाब की तरह
रिश्ते अगर दोनों तरफ से निभाए जाएं मन से तो फिर बन
जाएंगे वो चट्टान की तरह
फिर चाहे कोई भी परेशानी आए
वो रहेगी बस मेहमान की तरह।

अध्याय98

जिन्हें तुम्हारी कोई कद्र नहीं
उनके पीछे भाग कर खुद को परेशान ना कर जिंदगी बड़ी ही महंगी है
ऐसे सस्ते लोगों के पीछे इसे जाया ना कर।

बस मुझे ही सारी दुनिया का काम है
बाकी सब को यहां आराम ही आराम है
यही सोच तो लगाती हमारे
सपनों पर विराम है।

पत्थर ही सही मैं
मगर मुझे ठोकर ना मार
कल जो किसी चट्टान के साथ मिल गया मैं
तो फिर सोच क्या होगा तेरा हाल।

99. सलीका रिश्तों का

सलीका आया ही नहीं उम्र भर
मुझको रिश्ते निभाने का
हमने तो रिश्तों में अपनेपन को अहमियत दी
मगर दुनिया ने दौलत देखी
हमने तो रिश्तों का सम्मान किया
मगर दुनिया ने हमारा तिरस्कार किया
हम झुकते रहे रिश्तों को बचाने की खातिर मगर दुनिया ने इसे हमारी कमजोरी समझा
हमने हर रिश्ता ईमानदारी से निभाया मगर दुनिया ने अपनी चालाकियों को आजमाया
आज रिश्तों से कंगाल हैं हम क्योंकि
दुनिया की नजरों में हमें
रिश्ते निभाना नहीं आया।

अध्याय100

बस इतनी सी खता हो गई हमसे
दास्तान-ए-गम महफिल में सुना दी हमने
एक अच्छे खासे इंसान की पहचान मिटाकर गमज़दा इंसान की छवि पा ली हमने।

❧❧❧

पत्थर और मोती दोनों का अपना वजूद है
ना पत्थर व्यर्थ है, ना ही मोती सर्वगुणसंपन्न है दुनिया ने
चाहे आज तुम्हें पत्थर समझा है
फिर भी खुद को निराश ना करो
ऐसे पत्थर बनो जिससे ईश्वर की मूर्ति
बनाई जाए
जो मोती से कहीं ज्यादा सम्मान पाए।

❧❧❧

ना कोई दौलत चाहिए
ना कोई मदद चाहिए
सिर्फ अपनेपन का एहसास ही काफी है
किसी का दर्द कम करने के लिए।

अध्याय101

आदत सी हो गई है आँसूओं को पीने की
आँसूओं की कोई कीमत जो नहीं
नजरों में जमाने की।

जो नजर मेरी थी, वही नजर उनकी थी
जो नजरिया मेरा था वही नजरिया उनका था उनके नजरिए
को दुनिया ने अपनाया
मगर मेरे नजरिए पर किसी ने गौर भी ना फरमाया
आखिर क्यों?
यह सवाल मेरे मन में बार बार आया
मगर जब देखी दुनिया की फितरत
दौलत के पीछे भागने की
तब पल भर में सब कुछ समझ आया।

कुछ दर्द ऐसे मिले जिंदगी से
बहुत से रिश्ते बेपर्दा हो गए
जिन्हें संभाला था कभी फूलों की तरह
वो भी चुभने लगे नश्तर की तरह।

अध्याय102

किसी शख्स ने मुझसे कहा
अब उम्मीद नहीं जिंदगी से कोई
जिंदगी से मुझे मिला ही क्या है
क्यों ना मैं मौत को गले लगा लूं
हर दर्द से निजात पा लूं
मैंने उससे कहा अच्छा विचार है
मगर पहले अपना हर अंग दान कर जाना किसी अंधे को आँखें, किसी अपाहिज को हाथ-पैर, किसी को अपना दिल दे जाना
फिर उनसे पूछना कि उन्होंने क्या खोया था और अब उन्हें क्या मिला है
आज भी वह शख्स जिंदा है
और जिंदगी का शुक्रगुजार है।

अध्याय103

अपने ही दर्द से, मैं बेगानी हो गई
खुशियाँ भी फिर मेरी दीवानी हो गईं।

तृष्णा ये जीवन की आग सी बढ़ती ही गई
ज्यों ज्यों आहूति लगी इसमें ख्वाहिशों की
ये ओर भी धधकती गई।

घूम आए हम सारी दुनिया
मगर मिला नहीं कहीं कोई दर
ली नहीं किसी ने हमारी कोई खबर
थक कर लोटे जब हम अपने घर की ओर
तो मिला दिल को सुकून
सही कहा है किसी ने 'घर बिना दर नहीं'
पूछने वाला कोई खैर-खबर नहीं।

अध्याय104

मुक्ति वो द्‌वार है जो बहुत दूर है हमसे
अगर घिरे हैं हम सांसारिक प्रपंच में
मुक्ति हमारे करीब है अगर
निस्वार्थ भाव से सत्कर्म करें और
समर्पित कर दें खुद को ईश्वर के चरणों में।

सुकून की तलाश में भटकते रहे दर-ब-दर
मिला नहीं कहीं सुकून का मंजर
बनाया जब भोलेनाथ के चरणों में अपना घर फिर शुरू हुआ
जीवन में खुशियों का सफर।

खो जाए चाहे सब कुछ
फिर भी एक आखिरी आशा रखना जीवन में बाधाएं चाहे
कितनी भी आएं राह में
फिर भी अपने लक्ष्य को पाने का
जुनून रखना मन में।

अध्याय105

क्या कभी ऐसा होगा
घर में कोई दीवार ना होगी
भाई-भाई में कभी तकरार ना होगी
रहेंगे सभी मिल जुलकर प्रेम से
दिलों में कभी कोई दरार ना होगी।

जिंदगी से हमेशा ही एक शिकायत रही
वो चीज़ मिली ही नहीं मुझे कभी
जिसके मैं काबिल रही।

पूरे मन से सहेजा था जिस रिश्ते को
अपने जज़्बात की तरह
वह भी टूट कर बिखर गया महज़
कांच की तरह।

अध्याय106

नाम ना हुआ, तो भी क्या गम है
बदनाम ना हुए, ये भी क्या कम है।

जिंदगी की जरुरत नहीं मुझको
मौत को गले लगा लिया मैंने तो कब का
मौत ने भी ठुकरा दिया मुझको कहकर
जा जिंदगी को अभी तेरी जरूरत है।

ऐ जिंदगी! मेरे लिए तू कोई ग़म ना कर
टूट कर बिखरेंगे नहीं कभी
तू जो चाहे मुझ पर वो सितम कर।

107. मेरे देश की नारी

मेरे देश की नारी ने हर क्षेत्र में
अपना परचम फहराया है।
खेलों में भी खुद को आजमाया है।
देश को स्वर्ण पदक तक दिलवाया है।
विदेशी धरती पर भी देश का मान बढ़ाया है।
हे नारी! तूने इतना हुनर और संयम
कहां से पाया है।
यह सोचकर हर देशवासी ने
तेरा गुणगान गाया है।
ऐ मेरे देश की नारी! तुझे भी प्रतिपल
बढ़ते रहना है निडरता से अपने कर्म पथ पर,
अपने हौसलों से ही तूने ये आसमान पाया है।

अध्याय108

√दूसरों में खुद को तलाश करते हैं
आता है जब अपना ही साया सामने
तो गैरों सी बात करते हैं।

√कवि मन में महज़
शब्दों की सरिता नहीं बहती
वरन भावों की कविता है रहती
अल्फाजों में उसके दुनिया ढलती
बदलाव के लिए उसकी कलम है चलती।

109. रिवाज विवाह का

अजनबी से रिश्ते अब अपने होने लगे हैं
अपने थे जो कभी, दूर कहीं खोने लगे हैं।
रह नहीं सकते थे कभी दो पल भी दूर जिन माता-पिता से
वर्षों में अब उनसे मिलने लगे हैं
भूल कर खुद को,
ओरों के लिए अब जीने लगे हैं
रुठ जाते थे जरा सी बात पर अपने घर में
आज मगर हर किसी को मनाने में लगे हैं
करते थे अपनी इच्छा से हर फैसले
आज मगर सबकी राय लेने लगे हैं
रहते थे कभी राजकुमारी की तरह
अब मगर सबकी सेवा करने लगे हैं
कैसा ये रिवाज बनाया दुनिया ने विवाह नाम का, जिसके
साए में हम भी अब पनपने लगे हैं।

अध्याय110

कहानी वही है, बस किरदार बदल गए
नारी कल भी अत्याचार से ग्रस्त थी
आज भी है, बस हथियार बदल गए।

जमाने के रिवाजों से बंधी है ये जिंदगी
बस इसलिए अभी आधी ही जी है ये जिंदगी।

भूल गए वो हर दर्द अपना
जब दर्द मेरा देखा
उनका दर्द था एक दरिया
मेरे दर्द का उन्होंने समंदर गहरा देखा
रो पड़ी हर आँख
मेरे सीने में जब,
मेरे ही टुकड़ों का मंजर देखा।

अध्याय111

बड़े ही अजीब हैं ये रिश्ते
वक्त ना दो तो, कुछ वक्त मांगते हैं
जरा ज्यादा वक्त दे दो
तो दूर भागते हैं।

निगाहों में तीर
लबों पर शमशीर रखते हैं
मन में भाव जरा गंभीर रखते हैं
कोई समझे ना पत्थर दिल हमें
दिल में अपने सारे जहां की पीर रखते हैं।

112. माँ

तेरी गोद जैसे जन्नत हो कोई
रब से मांगी मन्नत हो कोई
तेरी गोद मुझे अभय देती है
मेरे सारे भय हर लेती है
तेरी गोद में कितनी ममता समाई है
इसकी समता किसीने ना पाई है
तुझसे ही मेरे सारे विचार हैं
तू ही तो मेरा संसार है
तू रब की सूरत है माँ
तू जिंदगी की जरूरत है माँ।

अध्याय113

अजीब तरह से गुजर गई मेरी भी जिंदगी
ना सफर का मजा आया
ना मंजिल की हुई खबर
ना कभी किसी ने अपना माना मुझे
ना ही किसी को पराया समझा मैंने
सारे जमाने की रही मुझे फिक्र
मगर किसी को भी नहीं हुई मेरी कद्र
बस फिर जमाने से हो गई मैं भी बेखबर
तब जाकर जमाने ने ली मेरी भी कुछ खबर।

अध्याय114

लिखने बेठो तो मन में बस
एक ही बात आती है
नहीं जानते हम लेखन
नहीं जानते हम कविता
हम तो बस जज़्बात अपने कहते हैं
कैसे होते हैं कवि
कैसे होते हैं शायर
नहीं हमको इसकी कोई खबर
हम तो बस अपने मन के भाव लिखते हैं
नहीं हैं हम कोई कलम के कलाकार
हम खुद को बस कला का
कद्रदान समझते हैं।

अध्याय115

लोग हमारे बारे में क्या कह रहे हैं
उस पर ध्यान ना दीजिए
बस हर पल खुद को निखारते रहिए
ये दुनिया है यहां सफल को सलाम और असफल को ठोकर मारी जाती है
इसलिए हर पल खुद को संवारते रहिए
अपनी गलतियों से सीखकर
अनवरत आगे बढ़ते रहिए।

वो पहला सफर यादों से जाता नहीं
उसके बाद का कोई सफर याद आता नहीं
बस यही जीवन है, हर पहली चीज
चाहे वह कोई रिश्ता हो या फिर कोई सफलता दिल भूलता नहीं
उसके बाद की चीजों को फिर वो गिनता नहीं।

निराशा एक अभिशाप है जीवन पर,
जिसने भी इसका दामन थाम लिया
जीवन को अपने बर्बाद किया।
आशा एक वरदान है, इसकी शरण में जाओ अपनी हर समस्या का निदान पाओ।

अध्याय116

कुछ निगाहें बड़ों के सम्मान में भी झुक जाती है झुकी हुई
निगाहों में हमेशा हार नहीं होती
अपने संस्कार वश भी ये खामोश रह जाती हैं
हमेशा ये कमजोर नहीं होती।

हीरे कई बाजार में बिकते रहे
कीमती बनकर
मगर हर वो शख्स अनमोल निकला
जिसे वक्त ने तराशा था।

ख्वाहिश ना कर तू मुकम्मल जिंदगी की
हर ख्वाहिश किसी की पूरी नहीं होती
तपना पड़ता है मेहनत की आग में
नसीब की भी यूं ही मेहरबानी नहीं होती।

अध्याय117

भगवान ने सबको बस मानव बनाया है
अब किसने क्या पाया, क्या खोया
सबने अपने कर्मों से लिखवाया है।

❧❧❧

सुकून मिलता है किसी को शराब में
सुकून मिलता है किसी को पूरे होते ख्वाब में। सुकून मिलता है किसी को किसी के आगोश में सुकून मिलता है किसी को अपने ही एहसास में
सुकून मिलता है किसी को दौलत में
सुकून मिलता है किसी को शोहरत में
सुकून मिलता है किसी को माँ की गोद में
सुकून मिलता है किसी को दिलबर की याद में। सुकून मिलता है किसी को अपने ही काम में सुकून मिलता है किसी को बस राम में।

अध्याय118

दोस्ती एक धागा है जो बंधा है विश्वास से
चाहे कैसी भी परिस्थिति आए
दोस्तों का विश्वास ना टूटने पाए
चाहे खुशी में साथ ना हों हम
मगर गम में दोस्तों का साथ जरूर निभाएं हम।

हवा के साथ-साथ चलते गए
मगर पथ में कांटे कितने मिलते गए
सोचा पथ के कांटे हटा दूं
कोई और आने वाला है पथ पर
उसके पैर में कांटा ना चुभ जाए
अगले दिन जब देखा तो कल से दुगुने कांटे बिछे थे पथ पर, मगर हैरानी इस बात की हुई
कांटे बिछाने वाला वही शख्स था मेरे लिए
जिसके लिए मैंने पथ साफ किया था।

अध्याय119

रोना आता है जब भी
तो याद करो अपनी खुशी के लम्हें
फिर सांत्वना दो खुद को खुद ही
जब ये हंसी नहीं रही
तो फिर यह आंसू भी नहीं रहेंगे
फिर एक दिन हम खुद से कहेंगे
देखो कितने सही थे हम।

120. लेखक

लेखक वो हे जो, सागर से मोती चुनता है
लेखक वो है जो अपने गम में भी
खुशी के गीत लिख सकता है
लेखक वो है जो ओरों के दर्द को भी
अपने दर्द सा कहता है
लेखक वो है जो फूलों के साथ
कांटों को भी चुनता है
लेखक वो है जो अपने मन के साथ
दूसरों के मन की भी कहता है
लेखक वो है जो सारी कायनात के भावों को कुछ लफ़्ज़ों में ही व्यक्त कर देता है
लेखक वो है जो तख्त-ओ-ताज पलट सकता है लेखक वो है जो इतिहास रचता है
लेखक वो है जो कीचड़ में रहकर भी
कमल सा खिलता है।

अध्याय121

अधूरी यादें जख्म कई
दे जाती हैं।
बहती निगाहें हर दर्द
बयां कर जाती हैं।

❧❧❧

नारी कल भी अबला थी
आज भी है
बस कुछ को सबला बनाकर,
जमाने ने दुनिया में उनकी पहचान कर दी बाकियों की
आवाज हमेशा के लिए दबा दी
वाह रे जमाने तूने नारी को अच्छी आजादी दी
आसमान तो दिखाया उसे उड़ने के लिए
मगर उसके पर काट दिए
वाह रे जमाने तूने नारी को कैसी तकदीर दी
अपनी सहूलियत के हिसाब से
उसे कभी सीता, कभी दुर्गा की तस्वीर दी।

122. कलम

जो नज़रों से ही बुराई को शर्मसार कर दे
नज़र में ऐसी ताकत होनी चाहिए
जो बिना कुछ किए ही सिर्फ शब्दों से ही
तख्त-ओ-ताज हिला दे
कलम में ऐसी बात होनी चाहिए
ये कलम ना मेरी है, ना तेरी है
कलम तो सबकी जुबां होनी चाहिए।

जैसे एक चिंगारी काफी है
घर जलाने के लिए
वैसे ही एक रोशनी का टुकड़ा ही काफी है अंधेरा दूर भगाने के लिए।

123. शहीद की विधवा

बाद मुद्दत के आज खत कोई मेरे नाम आया है
ऐसा लगा जैसे तेरा ही पैगाम आया है
मगर ये क्या इसमें तो तेरी शहादत का
बयान आया है
जैसे मेरी जान लेने का फरमान आया है।
देश के लिए तो अपना फर्ज़ निभा गए तुम
मगर अपने पीछे कितने कर्ज छोड़ गए तुम।
वृद्ध माता-पिता का सहारा भला
कौन बन पाएगा।
डोली में बैठेगी जब बहना,
भला कौन उसे संबल दे पाएगा।
पंथ निहार रही हैं मेरी प्यासी निगाहें,
मेरी विरह-वेदना को भला कौन समझ पाएगा
देश के लिए तो अपना फर्ज़ निभा गए तुम
मगर अपने पीछे कितने कर्ज छोड़ गए तुम......

124. सत्य की विजय

सत्य की उड़ान जिसने भरी और उड़ चला
फिर तो जैसे मुश्किलों का सफर चला
पंख काटने को कई फरेबी तैयार मिले
कोशिशें हुई सच छिप जाए झूठ के परदों तले प्रलोभनों का
फिर व्यापार चला
चाटुकारिता का चला सिलसिला
नहीं बन पाई फिर भी बात जब
असत्य का फिर सिंहासन हिला
सत्यवादी को रास्ते से हटाने की
कोशिशें हजार हुई
बाधाएं उसकी राह में बेशुमार हुईं
सत्य के फिर सारथी बने श्री कृष्ण
हर बाधा की फिर हार हुई
सत्य की फिर पताका फहराई
सत्य ने ही अंतिम विजय पाई।

अध्याय125

माँ के लिए बेटी
चाहे दुनिया की नजरों में तू धूल है
मेरे चमन का तो तू फूल है
चाहे तू मुझसे कितनी ही दूर है
मेरी आँखों का तो तू नूर है
चाहे तू परिवार के लिए पराई है
मेरे लिए तो तू मेरी परछाई है
चाहे शादी के बाद तू सबके लिए गैर, जरूर है मगर मेरे लिए तो तू हमेशा मेरा गुरूर है।

सारी दुनिया की खूबसूरती मेरी माँ में समाई है ईश्वर की हर सुंदर कृति में
मुझे मेरी माँ ही नज़र आई है
सुंदरता महज़ बाहरी आवरण नहीं
मेरी माँ ने मन की सुंदरता पाई है।

हर व्यक्ति का अपना-अपना दृष्टिकोण है
किसी को हर व्यक्ति में बुराई ही नजर आती है
किसी को हर व्यक्ति में कोई ना कोई
अच्छाई नजर आती है।
कोई गुलाब में भी सिर्फ कांटे देखता है

कोई कीचड़ में भी कमल खिलने की बात करता है।

अध्याय126

मैंने अपने मन से पूछा-
क्यों तकलीफ होती है मुझे दूसरों के दर्द से?
तभी मेरे मन से आवाज आई क्योंकि तू अभी जिंदा है
तू रब का अच्छा बंदा है।

किसी ओर के प्यार की जरूरत नहीं है मुझे
मेरी मोहब्बत में मेरी माँ ने
अपनी नींदें खराब की हैं
मेरी परवरिश में मेरे पिता ने
अपनी जिंदगी तमाम की है।

सच्चा दोस्त वो नहीं
जो रोज तुमसे मिलने आए
तुम्हें घुमाने ले जाए
तुम्हारा मन बहलाए
बल्कि वो है जो
चाहे महिनों तुमसे मिल ना पाए
फिर भी तुम्हारी आवाज़ में छिपे दर्द को पहचान जाए
तुम्हारे कहे बिना ही तुम्हारी जरूरतों को पूरा कर जाए
हर दुख में तुम्हारे साथ खड़ा हो जाए।

अध्याय127

जो मेरा अपना है
उसे मुझ पर यकीन होगा
जिसे मुझ पर यकीन नहीं
वो कोई गैर होगा।

याद आते हैं वो स्कूल के दिन
जब ना कोई परवाह थी जमाने की
ना कोई चिंता थी कमाने की
बस दोस्तों का साथ और
सिर पर माता-पिता का हाथ
जिंदगी थी बस एक अफ़साने सी।

कहने को तो बहुत कुछ है
फिर भी खामोशी से रहते हैं
जाने क्या मतलब निकाल ले
जमाना मेरी बातों का
इसलिए होठों को सिए फिरते हैं
मेरी खामोशी से भी नाराज न हो जाए जमाना इसलिए
निगाहों में कुछ दर्द लिए फिरते हैं।

अध्याय128

√हाथों में चाहे अपने गुलाब रखना
निगाहों में मगर अपने आग रखना
कोई भी कुचल ना पाए तुम्हारी कोमलता को कांटों सा
अपना मिजाज रखना।

बस एक ही ख्वाहिश है
कोई ख्वाहिश ना हो जिंदगी में
बस जीते रहें निर्लिप्त से
किसी से चाहत ना हो जिंदगी में।

हर निगाह झुकती नहीं बस शर्मिंदगी में
कुछ निगाहें झुकी रहती हैं रब की बंदगी में।

है कोई बात अगर तो उसे मन में ना रखो
अपनी परेशानियों को साझा करो
दुनिया में ऐसी कोई समस्या नहीं
बातचीत से जिसका हल निकलता नहीं।

अध्याय129

खुशियों की बारात आई है मेरे दर पर
मेरे ख्वाबों ने दूल्हे का रूप लिया है
डाली है मेरे गले में सफलता की वरमाला
एक नए सफ़र पर चलने का आगाज़ हुआ है।

चंद लम्हों में ही
जिंदगी बदल जाती है कई बार
हम सोचते रह जाते हैं और
मंजिल करीब से गुजर जाती है कई बार।

130. जिंदगी के खेल

जिंदगी भी अजीब खेल खेलती है
जहां जीत निश्चित होती है वहां हरा देती है
और जहां हार निश्चित होती है
वहां भी जीता देती है।
जिंदगी भी अजीब खेल खेलती है
सामने मंजिल तो दिखाती है
मगर पथ में कांटे भी बिछा देती है।
जिंदगी भी अजीब खेल खेलती है
एक पल में मालामाल कर देती है तो
दूसरे ही पल में कंगाल कर देती है।
जिंदगी भी अजीब खेल खेलती है
रात देती है मगर नींद छीन लेती है
जख्म देती है मगर मरहम छीन लेती है।
जिंदगी भी अजीब खेल खेलती है
खुशियों का सागर देती है मगर
तैरना भुला देती है।
जिंदगी भी अजीब खेल खेलती है
बड़े-बड़े सपने दिखाकर
छोटी छोटी चीजों की खुशी छीन लेती है।
जिंदगी भी अजीब खेल खेलती है
तूफान से निकालकर
साहिल पर डुबो देती है।
जिंदगी भी अजीब खेल खेलती है

मृत्यु की दहलीज पर लाकर
फिर से जीवनदान दे देती है।

अध्याय131

कुछ बाकी ना रहा दर्द के सिवा
और कुछ चाहिए भी नहीं मरहम के सिवा।

बहुत दूर तक चले गए हम
जबकि मंजिल नजदीक ही थी
जब तक हम वापस लौटे
तब तक हमारी जगह कोई ओर आ गया
बस यही जीवन का सत्य है
कहते सभी हैं, हम तुम्हारे बिना जी नहीं सकते
मगर कोई किसी का इंतज़ार नहीं करता
अगर मर भी गए तो चार दिन आँसू बहा लेंगे
फिर अपनी एक नई दुनिया बसा लेंगे।

मंजिल की खबर ही नहीं
रास्तों को पूछते हैं
कैसे नादान हैं वो
जिंदगी का भरोसा नहीं पल भर का
और जिंदगी भर का साथ मांगते हैं।

अध्याय132

सब जानते हैं दर्द मेरा
फिर भी पूछते हैं, कैसे हो?
यह फितरत है जमाने की, दर्द कुरेदने की
जरा सी नमी दिखी नहीं निगाहों में
आ जाते हैं झूठी सहानुभूति जताने लोग
जरा सी मदद मांग लो तो फिर
आदत है बहाने बनाने की।

तेरे साथ है तेरी माँ की दुआ
तू गम ना कर अगर आज
कोई ख्वाब तेरा पूरा ना हुआ
शायद किसी ओर को
तुझसे ज्यादा जरूरत थी
कुबूल की है आज रब ने उस माँ की दुआ।

अध्याय133

खुशी के हों या गम के हों
आँसू अपनी ही निगाहों से बहते हैं
दर्द हो या दवा हो
देने वाले भी
कहाँ पराए होते हैं।

हर माँगने वाला भिखारी नहीं होता
अपने हालातों के आगे मजबूर हो जाता है इंसान
यूं ही कोई अपना स्वाभिमान नहीं खोता।

देने वाला दे रहा है
तू क्यों किसी को तरसा रहा है
तुझे उतना ही मिलेगा जितना तेरे नसीब में है
तू लाख कोशिश कर ज्यादा बचाने की
बचा नहीं पाएगा
किसी जरुरतमंद को देने से
तेरा कुछ भी घट नहीं जाएगा।

अध्याय134

सरहद के पहरेदार हैं
मर-मिटने को तैयार हैं
देखे तो जरा दुश्मन नजर उठाकर
मिट्टी में मिलाने को भी बेकरार हैं।

मेरे सपनों का संसार
है जिसमें सृष्टि का सार
महादेव ही हैं जिसका आधार
जीवन-मृत्यु के चक्र से निकालकर
वो ही दिखाएंगे मुझे मुक्ति का द्वार।

ख्वाहिश वो पिंजरा है जिसकी कैद से निकलना नामुमकिन है
इसकी कैद से बस वही आजाद हुआ है
जिसने दुनिया का त्याग किया है।

अध्याय135

जिंदगी में जरुरी नहीं सारा आसमान मिले
बस एक सितारा ही काफी है
जिंदगी को रोशन करने के लिए।

आज भी मेरी जिंदगी
मुझसे खिलाफत करती है
तू क्यों जाना चाहती है मुझे छोड़कर
मुझसे शिकायत करती है
देखो मेरे लिए वह मौत से भी
बगावत करती है।

मुसाफिर मैं अकेला चलता गया
बाधाओं से लड़ता गया
तूफानों से भी हारा नहीं
बस इसलिए कारवां मुझसे जुड़ता गया।

अध्याय136

आदत हो गई है अब तन्हाई की
महफिलें अब अच्छी नहीं लगती
मोहब्बत हो गई है अब खुद से ही
किसी ओर की अब जरूरत नहीं लगती।

मैं बस आँसू हूँ,
आँख से गिरा दिया जाऊंगा
आज जो अपना हूं
पल भर में बेगाना हो जाऊंगा
तेरा दर्द मैं फिर बयां ना कर पाऊंगा
तुझसे जुदा होकर
अपना अस्तित्व ही मिटा जाऊंगा
मैं नया जीवन पाकर फिर तेरे पास आऊंगा
तू रखना अपने अधरों पर
मैं तेरी मुस्कान बन जाऊंगा
तू बनाना अपनी पहचान मुझको
मैं तेरा हर दर्द मिटा जाऊंगा
मैं वो आँसू हूँ
जो तेरी मुस्कान बन कर
हर पल तेरा साथ निभाऊंगा।

प्रिय शर्मा!
तुम हो जिन निगाहों में
वहीं बसती बस इंसानियत है
जिन निगाहों में शर्म नहीं
वहां दिखती बस पशुता है।
किसी को कुछ देकर देखो
उनसे दुआएं ले कर देखो
असीम सुकून मिलेगा
आजमाकर देखो।

अध्याय137

हटाकर बुरे विचारों की गंदगी
कर रहें हैं बस रब की बंदगी
यही है बस हमारे हिस्से की जिंदगी।

मेरी तन्हाई की वजह ना पूछ मुझसे
अभी तो मैंने खुद को पाया ही नहीं है
क्या खोया मैंने भीड़ में
यह किसी को बताया ही नहीं है
शोर का आलम है अभी
खामोशियों का दौर आया ही नहीं है
क्या करें ज़ख्मों की बात
मरहम कोई लाया ही नहीं है।

आंसू एक पिंजरा है
इसकी कैद से बाहर निकल
भले ही भुला नहीं सकते हर ज़ख्म अपना
मगर उन्हें कुरेदना तो बंद कर।

अध्याय138

बिखरा हूं मैं तो रिश्तो की माला में से
एक मोती सा
वापिस मुझे पिरोया ना गया
खता बस इतनी थी मेरी
सच को झूठ कहना
और झूठ को सच कहना
मुझे आया ना था।

❧❧❧

लोगों के बदलते रंग समझ नहीं आते हैं
पल में दोस्त पल में दुश्मन बन जाते हैं
जब तक करते रहो उनके मन की
पलकों पर बैठाते हैं
जरा सा आईना दिखा दो सच्चाई का तो
नफ़रत जताते हैं।

❧❧❧

फरेबों के चेहरे तमाम देखे हैं
जो मिटे नहीं कभी,
ऐसे भी इल्ज़ाम देखे हैं चाहतों की बात ना करे कोई
नफरतों से भरे बाजार देखे हैं।

अध्याय139

असफल हुए हो कई बार तो क्या
हिम्मत ना हारो कभी
बस रास्तों को बदलो अपने
सफलता का कोई तो मुकाम होगा
कामयाबी पर कभी तुम्हारा भी नाम होगा।

कांटों की मोहब्बत अच्छी है उन फूलों से
जो अपनी महक से आकर्षित तो करते हैं
मगर फिर काँटों के सहारे छोड़ देते हैं।

अनाम बंधन
कोई फूल होता तो,
मैं तोड़ भी लेती
मगर किसी मासूम का दिल, मैं कैसे तोड़ दूं दुनिया कहती है
"अपना खून ही अपना होता है" मगर
किसी अनाथ का हाथ मैं कैसे छोड़ दूं
अपने-पराए के मायने मैं नहीं जानती मगर किसी बेबस निगाहों से मुख मैं कैसे मोड़ लूं
दिल की सुनूं या दुनिया की
क्यों ना एक अनाम बंधन मैं भी जोड़ लूं।

अध्याय140

कच्ची मिट्टी की तरह है संतान हमारी
जिस रूप में हम उन्हें गढ़ेंगे
उसी रूप में वह साकार होंगे
अपनी संतान को नैतिक मूल्य और संस्कार प्रदान करना
हर माता-पिता की जिम्मेदारी है
यही उनके और देश के
सुनहरे भविष्य की तैयारी है।

बीती बातें अक्सर बीतती नहीं
वो यादों के रूप में हमें घेरे रहती हैं
कभी लबों पर मुस्कान बन बिखर जाती हैं
कभी निगाहों में नमी बनकर नजर आती हैं।

खामियों में भी
कुछ खूबियां होती हैं
तभी तो कीचड़ में भी
कमल खिलते हैं।

अध्याय141

जब खुशियां आती हैं
पराये भी सहारा बन जाते हैं
जब ग़म आते हैं
अपने भी किनारा कर जाते हैं।

कल तक जो राजा थे
आज कहीं उनका नामोनिशान नहीं
फिर अभिमान किस बात का
जब अंतिम सत्य यही।

आँसू गिरा आँख से
ग़म के कितने किस्से हो गए
क्या समेटते हम जिंदगी को
हमारे खुद के कितने हिस्से हो गए।

अध्याय142

जिसने किसी को कभी कुछ दिया ही नहीं
वह रब से भी कुछ पाने की आस ना करें
जो दिया है वही लौटकर हम तक आएगा
दिया हुआ कभी व्यर्थ नहीं जाएगा।

ये बिखरे मोती मेरे ख्वाबों से हैं
रंग इनमें मेरे जज़्बातों से हैं
किस्से चाहे कुछ बेगाने से हैं
फिर भी सहेज कर रखना इन्हें
भाव इनमें कुछ अपने से हैं।

सब बदल सकता है अगर हम ठान लें
हम भी किसी से कम नहीं बस यह मान लें।

हमेशा एक सा नहीं रहता वक्त
आज हमारा है कल किसी ओर का है
अपने वक्त में किसी का दिल ना दुखा
दूसरों के वक्त में खुद को ना झुका।

अध्याय143

क्यों रुक जाएं मंजिल मिलने से पहले
क्यों झुक जाएं बाधाओं के आगे
क्यों बिखर जाएं लोगों के तानों से
क्यों ना निखर जाएं अपने हौसलों से।

कभी इक रात में दौलत और शोहरत नहीं मिलती
इसके लिए अनवरत कठिन परिश्रम करना पड़ता है
ग़म की आग में भी जलना पड़ता है
तब जाकर नसीब का ताला खुलता है
खुशियों का खजाना मिलता है।

प्रिय जज़्बात!
तुम क्यों उन लोगों के सामने जाहिर हो जाते हो जिन्हें
तुम्हारी जरा भी कद्र नहीं
क्यों तुम्हें जरा भी सब्र नहीं
तुम बस उन अपनों के सामने प्रकट होना
जिन्हें तुम्हारी फिक्र है
जहां ससम्मान होता तुम्हारा जिक्र है।

अध्याय144

अकेलेपन ने मुझे सिखाया
मतलबी अपनों के साथ रहने से बेहतर है अकेले ही जिया जाए
साथ रहकर दर्द सहने से बेहतर है
तन्हा रह कर खुश रहा जाए।

और मत भागो बाधाओं से डर कर
बल्कि उनका मुकाबला करो डटकर
वरना वो कल और भी बड़े रूप में
हमारे सामने आएंगी और तब हम
उनसे जीत नहीं पाएंगे।
इसलिए प्रारंभ में ही हर समस्या को
समूल नष्ट कर देना चाहिए।

कब बदलेंगे हालात मेरे?
जब बदलेंगे जज़्बात तेरे।

अध्याय145

सुलगते रिश्ते हर पल सुलगते रहे
लोग आग में घी डालते रहे
क्या इंसानियत है आज की
जो आने लगी बारिश तो
पानी को रिश्तों तक पहुंचने से रोकते रहे।

सुलगते रिश्ते प्रतिपल
टूटते ख्वाब प्रतिपल
बिखरते इंसान प्रतिपल
किसी को नहीं किसी की खबर
खोए हैं सभी खुद में प्रतिपल
बस यही है आज की कहानी
इतना भी समय नहीं किसी के पास
जिसे सुनाएं अपनी जुबानी।

सुकून आता है मेरे दिल को तो आ जाए
वरना बेचैनियां भी क्या बुरी हैं
चैन की खुशी भी तो मुझे
बेचैनियों से ही मिली है।

ज्योति सिसोदिया

आसमां छूने की आस लिए
कामयाबी की प्यास लिए
निकले हैं अपनी उड़ान पर
जब तक ये प्यास नहीं बुझेगी
तब तक हमारी उड़ान नहीं रुकेगी।

अध्याय146

नए साल में नए संकल्प हों चाहे
नए साल में नए ख्वाब हों चाहे
नए साल में नए वादे हों चाहे
नए साल में नए इरादे हों चाहे
मगर रिश्ते वही पुराने होने चाहिए
हाँ लेकिन मिठास उनमें नई सी होनी चाहिए।

शब्द तो हैं मगर बयां करने की हिम्मत नहीं
ख्वाब तो हैं मगर साकार करने का प्रयास नहीं
बस तो फिर जीवन बदलने के भी
आसार नहीं।

ऐसा लगता है जब भी कभी
मौसम बदलने वाला है
बस तभी कोई कहता है
वक़्त ठहर सा गया है।

अध्याय147

मत रोको मुझे आगे बढ़ने से
भले ही एक लड़की हूँ मैं
मगर मेरे हौसलों की उड़ान
किसी से भी कम नहीं
अगर दे नहीं सकते साथ मेरा
तो कम से कम मेरी राह में
काँटे तो ना बिछाओ
भले ही एक चिंगारी हूँ मैं
मगर एक चिंगारी भी
जंगल के जंगल जला देती है
जो भी आता है उसकी राह में
उसे राख बना देती है।

बहुत चले ओरों के रास्तों पर
अब रास्ते अपने बनाएंगे हम
बहुत रहे भाग्य के भरोसे पर
अब अपने हाथों अपनी तकदीर सवारेंगे हम।

पथ में काँटे देखकर जो थमते गए
मंजिल से दूर वो होते गए
सत्कर्मों की राह पर जो चलते गए

सबब खुशियों के उन्हें मिलते गए।

जिम्मेदारियों का बोझ सबके कंधों पर है
कुछ उस बोझ तले दबे जा रहे हैं
उसे बस दुखदाई मानकर जिए जा रहे हैं
कुछ उसे अपना फर्ज समझकर
निभाए जा रहे हैं
कुछ उस बोझ को ही अपना साथी बनाकर
जिंदगी का मजा लिए जा रहे हैं।

अध्याय148

√ना जाने क्या हो जाए अगले पल में
हम रहें ना रहें आने वाले कल में
क्यों इंतजार करें फिर हम अच्छे वक्त का
जो भी है जिंदगी, है बस इसी पल में।

चेहरा पढ़कर देखो कभी
चेहरा झूठ नहीं बोलता कभी
आईना है ये मन का
बस नजर होनी चाहिए समझने की।

फूंक फूंक कर कदम बढ़ाना
जालिम बड़ा है जमाना
पहले जीतेगा विश्वास
फिर करेगा विश्वासघात
यह अंदाज है इसका पुराना
हर शख्स को पहले आजमाना
फिर बाद में उससे रिश्ता निभाना
वरना पड़ेगा जीवन भर पछताना।

चुप रहने का मतलब हमेशा
अपराध स्वीकारना नहीं होता
कुछ मजबूरियां भी खामोश कर देती हैं कभी गरीब हमेशा
गुनाहगार नहीं होता।

अध्याय149

अकेलापन कुछ पल के लिए
सुकून देता है फिर
कोई नहीं होता खुशी और गम बांटने वाला
इंसान खुद ही खुद से सवाल करता है
खुद ही खुद से प्यार करता है
खुद ही खुद से तकरार करता है
और एक दिन परेशान हो जाता है
किसी का साथ पाने को बेकरार हो जाता है।

दो रास्ते दिखाती है अक्सर हमें जिंदगी
पहला बुराई का रास्ता
जिसकी राह अत्यंत सरल है
मगर वो नर्क का द्वार है
दूसरा सच्चाई का रास्ता
जिसकी राह अत्यंत कठिन है
मगर वही मुक्ति का द्वार है
बस यह हमारे ऊपर निर्भर करता है कि
हम कौन सा मार्ग चुनें।

मेरी कलम में स्याही बाकी है अभी
इस स्याही में जज़्बात बाकी हैं अभी

इन जज़्बातों में भाव बाकी हैं अभी
इन भावों में गहराई बाकी है अभी
इन गहराईयों में सबका अपने
जीवन की झांकी देखना बाकी है अभी।

अध्याय150

सुना है हर चीज़ देती है जिंदगी
बस हममें उसे पाने का हुनर होना चाहिए।

खूबसूरती के लिए जाने क्या-क्या
जतन करता है जमाना
खूबसूरती की सजा क्या होती है यह उससे पूछो जिसने
सारा जीवन अपना
बदनाम गलियों में है गुजारा।

हे नारी अब अबला नहीं है तू
मेरा(माँ दुर्गा) रूप तुझमें है समाया
कर दुष्टों का संहार तू भी
तुझ पर है प्रतिपल मेरी छत्रछाया।

प्यार और विश्वास नहीं जिन रिश्तों में
सम्मान और समर्पण नहीं जिन रिश्तों में
ऐसे कच्चे रिश्ते कब तक निभाए जाएंगे
आज नहीं तो कल टूट कर बिखर ही जाएंगे।

अध्याय151

कितनी जल्दी सब कुछ
बदल जाता है बुरे वक्त में
अपनों को पराया होने में
पल भर भी नहीं लगता
हर शख्स हमें आजमाता है
सुकून ना जाने कहां खो जाता है
बस एक दर्द ही है जो
हर पल साथ निभाता है।

नए दिन के साथ नई शुरुआत करनी है
भुलाकर अपनी नाकामयाबी को
कामयाबी की एक नई इबारत लिखनी है।

जिसे तुम्हारी कोई कद्र नहीं
उसके लिए अपने
एहसास ज़ाया मत करना
जिसे तुम्हारी कोई फिक्र नहीं
उसके लिए अपना
वक्त बर्बाद मत करना
तुम्हारा पूरा परिवार है तुम्हारे साथ
तुम्हारे माता-पिता हैं तुम्हारे सबसे खास

किसी ओर के लिए अपना
जीवन बर्बाद मत करना।

अध्याय152

मेरा गांव मुझे बुलाता है
तेरे शहर में मेरा मन नहीं लगता है
मेरे गांव की मिट्टी में भी है अपनापन
तेरे शहर में तो अपना भी बेगाना लगता है।

तुम्हारा धोखा एक दिन तुम्हें ही बर्बाद करेगा सितम कर
लो आज चाहे कितने भी
कल यह दर्द तुम्हें भी आबाद करेगा
तड़पोगे तुम भी गम के पिंजरे में
फिर कोई ना तुम्हें आजाद करेगा।

वक्त ऐसे गुजर जाता है जैसे
हाथों से रेत फिसल जाती है
इसलिए हर दिन को ऐसे जियो
जैसे ये ज़िंदगी का आखिरी दिन हो।

हम मुसाफिर नए रास्तों के
शिकायत सरेआम करते हैं
कोई तोहमत ना लगाए हम पर
हम बिना डरे पर्दाफाश करते हैं

कोई सवाल ना उठाए हमारे हौसलों पर
हम ओरों की राह के काँटे भी साफ करते हैं।

अध्याय153

जिंदगी शिकायत करती है हर पल
क्यों नहीं मुझ पर इनायत करती है किसी पल
क्यों मुझसे खफा है जिंदगी हर पल
क्या मुझे खुशियों का अधिकार नहीं
क्यों जिंदगी को मुझसे प्यार नहीं
क्या जिंदगी सिर्फ चालाकों का व्यापार है
क्यों जिंदगी में सीधे साधे लोग लाचार हैं
जिंदगी अपनी शिकायतें करती है हर पल
क्यों नहीं मेरी शिकायतों को करती है हल।

धूप के इंतज़ार में
छांव की शीतलता ना गंवा देना
महफिल के इंतज़ार में
तन्हाई का मजा ना गंवा देना
अच्छे अवसर के इंतजार में
कहीं वक्त ही ना गंवा देना।

जो खुद को एक खुली किताब कहते हैं
उस पर भी फरेब का पहरा है
हर चेहरे के पीछे राज इक गहरा है।

सात रंगों के मेल से बने हैं रंग सारे
इनसे ही सजी है दुनिया सारी
सब पर कोई ना कोई रंग चढ़ा है
सब की है अपनी अदाकारी
यहां उसी की जिंदगी
सबसे ज्यादा रंगीन हुई है
जिसकी श्रेष्ठ है कलाकारी।

अध्याय154

जरूरी तो नहीं हर साथ चलने वाला
हमसफर ही हो
कभी कोई राहों में यूं ही मिल जाते हैं
मंजिल एक हो अगर तो साथी बन जाते हैं
हर मुश्किल में फिर वो साथ निभाते हैं
दुनिया में सच्चे दोस्त वो कहलाते हैं।

दोबारा कभी किसी पर सितम करने से पहले
सोच लेना एक बार
ये जिंदगी है, रखती नहीं कुछ भी उधार
ये सूत समेत सब कुछ वापस लौटाती है
हर बार।

कुछ पुरानी यादें जीने नहीं देती
कुछ पुरानी यादें जीने की वजह बन जाती हैं
कैसे हैं ये यादों के सिलसिले
जो कभी मिटते नहीं
फिर से जीना चाहो इन यादों को
तो सिरे फिर कभी मिलते नहीं।

खुशी मनाने के लिए
सिर्फ एक कप चाय ही काफी है
वरना बड़ी-बड़ी दावतें भी
बेअसर हो जाती हैं दर्द भुलाने में।

अध्याय155

बीते लम्हों की यादें लेकर
जीना मुश्किल हो जाता है
इसलिए बीते लम्हों को बीत जाने दो
और आने वाले लम्हों को खुशगवार बनाओ।

दर्द सब को होता है
बस कोई सह जाता है
कोई कह जाता है
कोई ढह जाता है
कोई रह जाता है
और जो रह जाता है
बस वही फतह पाता है।

एक प्याला समुंदर खुशी का रखना
अपने पास
दर्द देने वाले तो बेहिसाब मिलेंगे मगर
खुशी देने वाला कोई एकाध भी नसीब से मिलेगा

अध्याय156

समझौता हम कर सकते थे मगर
समझौते का रिश्ता और उधार का राशन
ज्यादा दिन नहीं चलते।

जिंदगी पास ही रहती है
कभी दर्द को दामन से हटा कर देखो
खुशी हर बात में मिलती है
कभी बच्चों के संग खेल के देखो
हर शख्स जिंदादिल लगता है
कभी मुस्कुराके देखो।

माँ बेटी का रिश्ता इस जग में सबसे प्यारा है
इस रिश्ते के आगे तो हर तूफान हारा है।

मेरी तन्हाई की वजह ना पूछ मुझसे
कहीं सारी दुनिया ही खफा ना हो जाए मुझसे।

अध्याय157

बिना गम के खुशी की कीमत किसने जानी है
इसलिए हर खुशी के बाद लिखी गई
गम की कहानी है।

रोने से अगर हर गम मिट जाता
तो हम दिन-रात रोते और
दुनिया में सबसे ज्यादा खुशहाल होते
मगर रोने से सिर्फ दर्द ही बढ़ता है
इसलिए मेरी निगाह से आजकल
आँसू कम ही गिरता है।

इस मतलबी दुनिया से निकल कर
अपनी दुनिया तलाश करनी है
ख्वाबों के धरातल से निकलकर
हकीकत की बात करनी है
चाहे समझे नाकाबिल सारी दुनिया
अपनी काबिलियत की पहचान
अपने आप करनी है।

अध्याय158

उम्मीद का दामन थामे रखना
आज नहीं तो कल हर सपना साकार हो जाएगा नाउम्मीदी
में तो हाथ आया अवसर भी
गंवा दिया जाएगा।

अपनी उम्मीद का दिया हमेशा जलाए रखना जमाने की हवा
बहुत कोशिश करेगी
उसे बुझाने की फिर भी
अपने विश्वास के तेल से उसे बचाए रखना।

जब सब तुम्हें ठुकरा दें
हर तरफ से तुम परेशानियों से घिरे हों
तो भी कभी यह मत सोचना कि
अंतिम रास्ता सिर्फ मृत्यु है क्योंकि
जब हर रास्ता बंद हो जाता है तो ईश्वर
हमारे लिए सबसे बेहतरीन रास्ता खोल देते हैं।

ज़िंदगी में अक्सर हार जाते हैं हम
उनके ही हाथों
जिनकी जीत के लिए हम

दुआएं माँगा करते हैं।

अध्याय159

जहां उम्मीद होती है वहां
सपने पूरे करने के लिए
ईश्वर भी मजबूर हो जाते हैं
नाउम्मीदों का साथ तो खुद
उनके अपने भी छोड़ जाते हैं।

जहां उम्मीद होती है वहां
समुद्र में भी रास्ते बन जाते हैं
नाउम्मीदी में तो किनारे पर खड़ी
कश्ती भी डूब जाती है।

कभी ऐसा मत सोचना कि
जब सब कुछ ठीक हो जाएगा
तो हम एक नई शुरुआत करेंगे
क्योंकि जब हम एक नई शुरुआत करेंगे तो
सब कुछ धीरे धीरे अपने आप ही
ठीक होने लगेगा।

अध्याय160

जिंदगी में अक्सर अपनों के हाथों चोट खाई है फिर सजा भी हमने ही पाई है
शराफत की बस यही तो कमाई है।

प्रकृति को स्वच्छ रखो
प्रकृति को समझो
तो वह तुम्हारे जीवन को
खुशहाल बना जाएगी
अगर प्रकृति से छेड़छाड़ करोगे
उसके खिलाफ आचरण करोगे
तो प्रकृति तुम्हारे जीवन को
दुश्वार बना जाएगी।

रिश्तों के फूल अगर खिल गए हैं
तो उनकी महक बरकरार रखिए
उम्र चाहे कितनी भी हो
चेहरे पर खुशियों की चमक बरकरार रखिए।

अध्याय161

कुछ भी तब अच्छा नहीं लगता
जब दिल में गम हो
परेशानी में हम हों
जब जीवन में खुशी होती है
तब हर चीज अच्छी लगती है।

फूलों(बेटों) को तो हम
अपने आंगन में सजा लेते हैं
कलियों(बेटियों) का हम
तिरस्कार करते हैं
कलियों से ही तो फूल पनपते हैं
क्यों हम इस सत्य को विस्मृत करते हैं।

विचारों की अजब दुनिया है
जाने क्या-क्या विचार चलते रहते हैं मन में
जिनका कोई संबंध नहीं हमसे
वो भी ख्याल आ जाते हैं मन में
यह विचार हर पल मन को मथते हैं
इनसे ही तो हम जीवन में सधते हैं।

अध्याय162

दुनिया कहां समझती है दर्द किसी का
उसे तो शौक है बस जख्मों पर
नमक छिड़कने का।

जब भी मैं दिया जलाती हूं कोई
आँधियां चलने लगती हैं
लगता है हवाओं को भी मुझसे बैर है
मगर कोई आँधी दिया बुझा नहीं पाई
आज तक मेरा
रब की भी तो मुझ पर इतनी इनायत है
इसलिए अब मुझे किसी से नहीं
कोई शिकायत है।

मेरा दर्द कहता है मुझसे
तू मुझ पर ज्यादा विचार ना कर
बहाकर अश्कों के रूप में मुझे
मेरा प्रचार ना कर
बहुत मतलबी है ये दुनिया
यह क्या समझेगी मेरी दास्तान को
तू किसी के सामने खुद को शर्मसार ना कर।

अध्याय163

ऐ जिंदगी!
तू है कोई पहेली
कर ना मुझसे यूं अठखेली
छोड़ ना मुझको कांटो की राह पर अकेली
साथ निभाना, बनकर मेरी सहेली।

ऊँचाइयों को छूने के लिए
तुच्छ विचारों से ऊँचा उठना होता है
भूल कर तेरा मेरा
सबका भला करना होता है।
दुनिया भर की दौलत हासिल करना
ऊँचाई नहीं है
सबकी दुआओं में शामिल होना
असली ऊँचाई पर पहुँचना है।

बड़ी ही जालिम हो गई ये जिंदगी तब से
ये नजर किसी की मुलाजिम हो गई जब से।

रिश्ते वो फूल हैं जिन्हें
प्यार और विश्वास से सींचा जाए

तो उनकी महक बढ़ती जाती है
अगर इन पर अविश्वास की परत चढ़ जाए
तो ये पल भर में मुरझा जाते हैं।

अध्याय164

मोती जैसी बूंदे हैं पानी की
जिन्हें सहेजना है हमें आने वाले कल के लिए
ऐसा ना हो हमें पछताना पड़े
जल की बेकद्री के लिए
हमारी आने वाली पीढ़ियां भी कोसे हमें
जल के अभाव के लिए।

मोती जैसी बूँदे जल की
जीवनधारा है हमारे कल की।

हम भारतवासी हैं साथ मिलकर हम
एक दूसरे को आगे बढ़ाएंगे
द्वेष-घृणा, जातिवाद, भ्रष्टाचार आदि बुराईयों से ऊपर
उठकर देश के लिए जी जान लगाएंगे
देश को कामयाबी की बुलंदियों पर ले जाएंगे
अपने देश में पुनः सच्चाई, ईमानदारी
और मानवता का प्रकाश फैलाएंगे
अपने प्राचीन ज्ञान से पुनः विश्व गुरु बन जाएंगे।

अध्याय165

ऐसा क्यों लगता है तुम्हें
तुम किसी काबिल नहीं
दुनिया में ऐसा कोई शख्स नहीं
जिसमें कोई ना कोई खासियत नहीं
बस अभी तक तुमने खुद को जाना नहीं
देखा है तुमने खुद को दुनिया की नजरों से अपनी नजरों से
तुमने खुद को देखा ही नहीं।

खामोशी की आवाज को भले ही
दबा दिया जाएगा
कमजोरों की मांग को भले ही
ठुकरा दिया जाएगा
सच्चाई को भले ही
छुपा दिया जाएगा
मगर आएगा जब जलजला इंसाफ का
तो फिर भला उसे कौन रोक पाएगा।

सुना बहुत है सुबह के सपने सच होते हैं
फिर भी टूट गया वो सपना
जो रोज सुबह देखा करते थे
बस इसलिए आजकल सुनी-सुनाई बातों पर यकीन हम कम

ही करते हैं।

अध्याय166

सुबह के सपने हों या रात के सपने
सच बस वही होते हैं
जिनके लिए हम पूरी शिद्दत से कोशिश करते हैं वरना
सपने तो बस सपने होते हैं
एक दिन टूट कर बिखरने होते हैं।

कर अपने सपनों की तलाश
मिलेगा एक नया आकाश
छाएगा जीवन में फिर तेरे भी
कामयाबी का प्रकाश।

बीत रहे हैं ये दिन यूं ही
एक दिन यह जिंदगी भी बीत जाएगी यूं ही
जिंदगी के आखिरी क्षण में सोचेंगे फिर
अपने लिए तो हम जिए ही नहीं
क्यों ना फिर आज से ही जी लिया जाए
अपने लिए भी ज़रा ज़रा।

अध्याय167

अपने मन की खुशी के लिए
चाहे जो कर जाओ
हाँ मगर जहाँ दूसरों को तकलीफ हो
वहाँ जरा थम जाओ।

जीवन में संतुलन जरूरी है
चाहे कोई रिश्ता हो, व्यापार हो
या जीवन का कोई भी क्षेत्र हो
हर जगह संतुलन ही सफलता का मार्ग है
असंतुलित जीवन महज़ मजबूरी बन जाता है
संतुलन में ही हर मुश्किल का हल नजर आता है।

अपनी असफलता की वजह
दूसरों से ना पूछो वरन खुद से सवाल करो
क्या कमी रह गई, उसमें सुधार करो
अनवरत प्रयास करो
अपनी कोशिशों का विस्तार करो
फिर सफलता का वरण करो।

अध्याय168

हर मुश्किल आसान हो जाती है
जब माँ साथ हो
जहाँ सारी कायनात भी असफल हो जाती है
वहाँ माँ की दुआ काम कर जाती है।

जब तक मैं हूँ
तब तक तुम हो
मेरे बिना तुम्हारा कोई अस्तित्व नहीं
ऐ मनुज!
इतना भी खुद पर अभिमान ना कर
सबका रखवाला है वह ईश्वर खुद को यूं
भगवान ना कर।

अध्याय169

जब तक मैं हूँ,
मुझमें मेरे राम हैं
मरने के बाद भी मुझे बस उनसे ही काम है मिथ्या है ये
जग सारा
व्यर्थ हैं सांसारिक प्रपंच सारे
साथी हैं सब तन के
नहीं कोई समझने वाला मन को
फिर क्यों दुखी रहुँ में उनके लिए जिन्हें
परवाह नहीं मेरी
अब इस जग से निस्पृह हो जाना है मुझे
इस तन का क्या है एक दिन मिट्टी हो जाना है
इसके सुख-दुख के लिए
क्यों इस अनमोल जीवन को व्यर्थ गंवाना है
अंत समय में कोई भी काम नहीं आने वाला है रिश्ते-नाते,
पैसा कोई साथ नहीं जाने वाला है बस एक रामजी ही
इस भवसागर से पार लगाने वाले हैं
इसलिए जब तक जिंदा हो सत्कर्म करो
जुबां पर राम नाम धरो
मेरे राम में ही खो जाना है मुझे भी
मेरे रामजी का ही हो जाना है मुझे भी।

अध्याय170

मिट्टी की सौंधी सी खुशबू
हर फूल की खुशबू को मात देती है
चले जाओ चाहे दुनिया के किसी भी देश में
अंत में अपने वतन की मिट्टी ही याद आती है
कमा लो चाहे कितनी भी दौलत
अंत में तो ये रूह भी अपने
वतन की मिट्टी में ही सुकून पाती है।

171. घर

घर वो है जहां
रिश्ते दौलत से नहीं चाहत से बनते हैं
घर वो है जहां
विश्वास के फूल खिलते हैं
घर वो है जहां
ख्वाब पनपते हैं
घर वो है जहां
सभी बिना कहे
एक-दूसरे के
जज़्बात समझते हैं
घर वो है
जिसकी प्रीत में ईश्वर बसते हैं।

अध्याय172

जरूरत नहीं मुझे किसी ओर के साथ की
जरूरत है तो बस
सिर पर
माता-पिता के हाथ की
कोई क्या डुबोएगा फिर मेरी कश्ती
माँ की दुआओं से तो हर बाधा है टलती।

जीवन वह सफर है जो कभी थमता नहीं
जो आया है वो जाएगा
किसी के ना होने से दूसरों का जीवन
रुकता नहीं इसलिए
खुद को दूसरों का विधाता मानकर
अहम ना करो बल्कि
परमार्थ से अपने जीवन में सुधार करो।

अध्याय173

खामोशी एक आवाज़ है
जिसकी अपनी ही ताकत है
शोर को तो दबा सकता है कोई भी मगर खामोशी को दबाना
किसी के
बस की बात नहीं।

मन वो दरिया है जिसमें भरा
आशा और निराशा का पानी है
हमें बस आशा के पानी को ग्रहण करना है
और निराशा के पानी को
बाहर निकालते जाना है
हर बुरे विचार को तिरोहित करके
मन के दरिया को स्वच्छ बनाना है।

174. ऐ नारी जरा धीरज धर......

ऐ नारी! जरा धीरज धर
मानवता अभी सोई है
देखकर मानव की पशुता
धरा भी कितना रोई है
आज के मानव से तो
रावण राक्षस होकर भी महान था
माता सीता का किया ना कभी उसने मान भंग था
आज का मानव कितना खूंखार हुआ
लाशों संग भी वासनाखोर हुआ
हर रिश्ता आज शर्मसार हुआ
जानवर से भी गया गुजरा आज इंसान हुआ
ऐ नारी! जरा धीरज धर
धरा पर पुनः श्री कृष्ण सा अवतार होगा
दुष्टों का पुनः संहार होगा
फिर से सत्य का प्रसार होगा
बुराई का सर्वनाश होगा
सर्वत्र नारी का सम्मान होगा।

अध्याय175

गुज़र रही है जिंदगी
माँ के आँचल तले
अब फर्क नहीं पड़ता
सहरा में हैं या गुलशन में।

आँखों में आँसू लेके जिए जा रहे हैं
जहर जिंदगी का पिए जा रहे हैं
ज़हर को अमृत बना नहीं सकते
फिर भी एक नई कोशिश किए जा रहे हैं।

काँटों की सेज सजा दे कोई मेरे वास्ते
फूलों के जख्म अब सहे नहीं जाते।

टूटे पत्तों की तरह ना अपना वजूद बनाओ
बनो जड़ की तरह,
अपने साथ
ओरों का भी अस्तित्व बचाओ।

अध्याय176

प्रिय जख्म!
जब भी तुम आते हो
मरहम भी साथ लाया करो
जख्म तो बहुत मिल जाते हैं यहां
पर मरहम कोई मिलता नहीं
ना ला सको मरहम तो फिर
तुम भी आया ना करो।

आसान नहीं है जिंदगी
हर मोड़ पर संघर्ष करने पड़ते हैं
दो वक्त की रोटी के लिए भी
कई जतन करने पड़ते हैं
बड़े खुशनसीब हैं वो
जिनका जन्म ही महलों में हुआ है
वरना एक कमरे के निर्माण के लिए भी
जीवन भर सफर करने पड़ते हैं।

मुश्किल होता है टूटे रिश्ते को जोड़ना
उससे भी ज्यादा मुश्किल होता है
उस रिश्ते को फिर से निभाना।

अध्याय177

मुश्किल होता है दर्द को
दिल में दबाकर रखना
और भी ज्यादा मुश्किल होता है
दर्द देने वाले को ही अपना कहना।

वक्त के साथ रंग बदले हैं जाने कितने
एक ही शख्स ने
और हम समझते रहे कितनी कमी है
रंगों की दुनिया में।

178. आज भी.........

आज भी दुनिया में जरूरत के
हिसाब से रिश्ते बनते हैं,
भावनाओं की कोई कद्र नहीं
आज भी शराफत रोती है
बेईमानों के बाज़ार में
आज भी जलते हैं ख्वाब कई
परंपराओं की आग में
आज भी कमल कीचड़ में खिल रहा है
आज भी गुलाब काँटों में पल रहा है
आज भी अच्छाई, बुराई के आगे बेबस है
आज भी सच को साबित करना पड़ता है
और झूठ खड़ा मुस्कुराता रहता है।

अध्याय179

आज भी दुनिया में सितमगर मिल जाएंगे कई पूछोगे जब भी पता रहनुमा का
रब के सिवा जुबां पर नाम नहीं आएगा कोई।

कोई नहीं चाहता अपनों से बिछड़ कर जीना कुछ मजबूरियां हैं कमाने की
कुछ कमजोरीयां हैं रिश्तों की
वरना कौन माला की खूबसूरती को छोड़कर सिर्फ एक टूटा मोती बनना चाहेगा।

टूटे पत्तों की तरह ना समझ मुझे
जिसे झोंका कोई भी हवा का उड़ा ले जाएगा
मैं हूं वह मौसम,
जिसे तोड़कर
बादल भी नीर बहाएगा।

हाथ खाली हैं तो क्या हुआ
खुद को आजमाना बाकी है अभी
ख्वाब अधूरे हैं तो क्या हुआ
आसमां की उड़ान बाकी है अभी।

अध्याय180

शराफत का जमाना रहा नहीं अब
वक्त का सितम ही कुछ ऐसा है
कीमत उसी की है बस
जिसके हाथ में पैसा है।

ममता के साए में
जीवन पलता है निर्भीक होकर
वरना तो इस जग में रहना पड़ता है
हर पल भयभीत होकर
ना जाने कब कहां से
कोई विपदा आ जाए
बाल मन को छलनी कर जाए
इस ज़ालिम दुनिया का क्या भरोसा
कब फूलों को भी नश्तर चुभा जाए।

181. परिश्रम और विश्वास

सपने पूरे करने की ख्वाहिश
हर दिल में होती है मगर
उसके लिए प्रयास बस कुछ ही करते हैं
उनमें भी कुछ मंजिल पर पहुंचने से पहले
राह में ही हार मान लेते हैं
हजारों में कोई एक दो ही मंजिल को पाते हैं जिनके प्रयास
जुनून की हद तक पहुंच जाते हैं और कुछ तो परिश्रम करने
से भी घबराते हैं
वो सिर्फ नसीब के भरोसे बैठे रह जाते हैं
और जब जीवन में कुछ नहीं बन पाते हैं
तो फिर ईश्वर को कोसने लग जाते हैं
वाह रे इंसान! कैसी फितरत है तेरी
खुद तो कुछ परिश्रम करते नहीं
बस दूसरों की तरक्की देखकर
ईश्वर पर नाइंसाफी का सवाल उठाते हो
अपने कर्म तो सुधारते नहीं
बस अपने दुखों के लिए ईश्वर को
जिम्मेदार ठहराते हो, लेकिन याद रखो
ईश्वर भी बस उन्हीं का साथ देते हैं
जो दूसरों की कामयाबी देखकर जले नहीं अपने सपनों को
कभी किसी हाल में भूले नहीं
जो सच्चाई और परिश्रम के साथ
आगे बढ़ने के लिए दृढ़ संकल्पित हो

अपने लक्ष्य के प्रति पूर्णतः समर्पित हो
चाहे मार्ग में कितनी ही बाधाएं आएं
ईश्वर उसकी हर मनोकामना पूरी करेंगे ही
ऐसे अटल विश्वास से पूरीत हो।

अध्याय182

ना समझे कोई बुझी हुई राख हमें
है दिल में ऐसा जज़्बा
पानी में भी आग लगा देंगे हम
बस एक अवसर तो मिले
हर असफलता का दाग़ मिटा देंगे हम।

कुछ अश्क रहने दो निगाहों में मेरी
तन्हा आँखें मुझे नहीं भाती
कुछ ख्वाहिशें अधूरी ही रहने दो मेरी
मुकम्मल जिंदगी अब रास नहीं आती।

अध्याय183

रोशन है मेरी दुनिया मेरे ही ख्यालों से
कोई और ख़्याल मेरे दिल पर
दस्तक ना दे, तो अच्छा है
शोर है हर तरफ महफिलों का
मिल जाए थोड़ी तन्हाई, तो अच्छा है
बेचैन है ये मन जाने कब से
मिल जाए इसको सुकून, तो अच्छा है
खूबसूरत है मेरी निगाहें मेरे ही अश्कों से
कोई और इसे दर्द ना दे, तो अच्छा है
जितनी भी जिंदगी है मुस्कुरा कर जिएं
और अश्क ना बहें अब, तो अच्छा है
हार-जीत लगी रहेगी जिंदगी में
मेरा मन ना हारे कभी, तो अच्छा है
ना मांगे कभी किसी से कुछ भी
देने वाला वो रब है सबको
रह जाएं हाथ खाली तो भी गम नहीं
बना रहे स्वाभिमान अपना, तो अच्छा है।

अध्याय184

जिसे कहकर अपना दर्द समझाना पड़े
क्या वह अपना है?
जो बिना कहे ही हर दर्द की दवा कर दे
माँ के सिवा ऐसा कोई दूसरा होना
इस जमाने में महज़ एक सपना है।

किसी मंजिल के मुसाफिर नहीं हैं हम
फिर भी चले जा रहे हैं
किसी गजल के शायर नहीं हैं हम
फिर भी लिखे जा रहे हैं
जाने कब सांसो की डोर थम जाए
बस यही सोचकर जिंदगी के हर पल को
जिए जा रहे हैं हम।

कोई कह दे मेरे ख्वाबों से जाकर या तो रातों में मुझे जगाया ना करे
या फिर जो पूरा ना हो
वह ख्वाब मुझे आया ना करे।

185. देश का सिपाही

छोड़ कर जाना पड़ेगा एक दिन
इस दुनिया को, तो भी गम नहीं
मेरे देश से बढ़कर मेरे लिए कुछ भी नहीं
जिस दिन छलनी हो जाएगा
सीना मेरा दुश्मन की गोली से
वो मातम का नहीं, उत्सव का दिन होगा
मेरे देश का तिरंगा उस दिन
जीत का परचम बनकर लहराता होगा
कोई दुश्मन क्या मारेगा देश के सिपाही को
हर देशवासी के दिल में उसका नाम जिंदा रहेगा
वो रहें ना रहें उनका बलिदान
हर देशवासी की रगों में
लहू बनकर दौड़ता रहेगा
और देशभक्ति की प्रेरणा
हर देशवासी को देता रहेगा।

अध्याय186

हर खामोशी के पीछे राज एक गहरा है
ना दबाना कभी उसकी दुखती रग को
जिसकी निगाहों से ही छलकता दर्द गहरा है।

सफर अभी लंबा है
तू कहीं थक ना जाना
जीवन का पथ विषम है
तू कहीं घबरा ना जाना
मुसाफिर है तू
चलते रहना ही तेरा काम है
आज नहीं तो कल
मंजिल मिलेगी जरूर
तू कहीं हार कर रुक ना जाना।

आजाद ख्याल हों चाहे कितने भी
मगर हमारे संस्कारों से
भारतीयता छलकनी चाहिए
चले जाएं चाहे विदेश में कहीं भी
हममें हमारे भारत की छवि
दिखनी चाहिए।

अध्याय187

हर रात के बाद सुबह होती है
हर गम के बाद खुशी मिलती है
लेकिन धैर्य, आत्मविश्वास और पुरुषार्थ से ही जिंदगी आगे बढ़ती है
इनके बिना तो नसीब पर भी धुंध छा जाती है।

सोचा नहीं था जो कभी
वो अब सोच लो
किया नहीं जो कभी
वो अब कर लो
बस खुद में ऐसा जज्बा रखो
चाहो तो पहाड़ को तोड़ लो।

मेरी जिंदगी का लिफाफा जब भी खुलेगा
उसमें कोरा कागज़ ही नजर आएगा
ऐ मेरे महादेव! उसमें रंग भरना अपने हाथ से
ओर कोई दूसरा रंग मुझ पर चढ़ ही नहीं पाएगा।

अध्याय188

अनकहे शब्दों का बोझ
ये मन उठा नहीं पाता है
फिर ये जीवन घुटन बन जाता है
इसलिए बेहतर है
सबकुछ खुलकर कहो
फिर अपने मन को
सुकून से भरा हुआ पाओगे
हां बस इतना याद रखना
अपने शब्दों से किसी का
दिल नहीं दुखाओगे।

ऐ मेरे रब! बख़्श दो मुझे मेरी पूरी जिंदगी
टुकडों में अब जिंदगी बसर नहीं होती
या फिर समेट लो मुझे अपने आगोश में
क्या बदनसीबों पर रब की भी मेहर नहीं होती।

अध्याय189

किसने रोका है तुम्हें
अपने ख्वाबों को पूरा करने से
तुम कोशिश तो करो
आसमां भी तुम्हारे लिए राह बनाएगा
अपने हौसलों की उड़ान तो भरो।

देख लिया हमने हर वो रिश्ता निभाकर
जिस पर हमें गुरूर था
हर शख्स ने बस साथ निभाया उतना
जितना वो रिश्ते से मजबूर था।

याद रखने की कला हमने सीखी ही नहीं
हमें तो भूल जाना ही भाता है
याद रखो तो जख्म ताजा ही रह जाते हैं
भूलने में ही जीने का मज़ा आता है।

तेरे शहर में बदलते बहुत हैं मौसम
फिर भी मेरे गाँव का
मिलता नहीं यहाँ एक भी मौसम
कटने को तो कट रही है जिंदगी तेरे शहर में मगर मेरे गाँव सा सुकून

मिलता नहीं तेरे शहर में।

190. बेटी

बेटी वो आशीर्वाद है
जिससे माता-पिता की दुनिया आबाद है
मगर कितनों के लिए तो बेटी
अनचाही फरियाद है
ऐसे लोगों की घटिया सोच से ही तो
आधी दुनिया (नारी) बर्बाद है
बेटियों के प्रति हर व्यक्ति की सोच
बदलनी चाहिए
बेटियों ने हर क्षेत्र में खुद को
बेटों से बेहतर साबित किया है
यह बात सबको अपने मन पर
लिख लेनी चाहिए
बेटी नहीं होगी तो बेटे कहां से आएंगे
यह बात सदा ही स्मरण रखनी चाहिए।

191. माँ

जब भी डूबती है कश्ती मेरी
माँ किनारा बन जाती है
जब भी होती है परेशानी कोई
माँ सहारा बन जाती है
जब भी होती हूँ दोराहे पर
माँ सही राह दिखाती है
जब पा लेती हूँ मंजिल अपनी
माँ 'वाह' कर जाती है
जब भी रोती हूँ दर्द में
माँ दवा बन जाती है
जब भी थक कर क्लान्त हो जाती हूँ
माँ ठंडी हवा बन जाती है
जब भी हारने लगती हूं मैं
माँ मुझे जीतना सिखाती है
जब भी डर जाती हूं किसी बात से
माँ मुझे निर्भय बनाती है
जब भी मैं खुद को लाचार पाती हूं
माँ शक्ति बन जाती है
जब भी कोई घोलता है ज़हर मेरे जीवन में
माँ शिव बन जाती है
जब भी देखती हूं ख्वाब कोई
माँ उसके पूरा होने की आस बंधाती है
जब भी मैं खुद को हीन मानने लगती हूँ

एक माँ ही है जो मुझे खास बनाती है।

192. ऐ कलम

ऐ कलम! तुझमें वो ताकत है
जो इतिहास लिख दे
ऐ कलम! तुझमें वो ताकत है
जो तख्तो ताज पलट दे
ऐ कलम! तुझमें वो ताकत है
जो नव सृजन का गीत लिख दे
ऐ कलम! तुझमें वो ताकत है
जो मानव की मानव से प्रीत लिख दे
ऐ कलम! तुझमें वो ताकत है
जो हारे हुए को जीत की राह दिखा दे
ऐ कलम! तुझमें वो ताकत है
जो कोरे कागज पर भी श्रीमद्भागवतगीता
और रामायण सा संदेश सिखा दे
बस अब यही एक चाहत है
मेरी कलम! तू कभी रुकना नहीं
असत्य के आगे कभी झुकना नहीं।

193. कहाँ रह गए तुम

कहाँ रह गए तुम ऐ मेरे प्यारे बसंत!
पुष्प मुरझा रहे हैं, पल्लव सूख रहे हैं,
प्रकृति जैसे बेजान है ,
आ जाओ एक बार फिर तुम ।
कहाँ रह गए तुम ऐ मेरे प्यारे हमसफर!
सांसे रुक रही हैं,कदम लड़खड़ा रहे हैं,
निगाहें जैसे बेजान है ,
आ जाओ एक बार फिर तुम।
कहाँ रह गए तुम
ऐ मेरे प्यारे ईश्वर!
हर तरफ भ्रष्टाचार, अनाचार,दुराचार,हो रहा है
मानवता शर्मसार है
सत्य की हो रही हार है
धरा जैसे बेजान है,
आ जाओ एक बार फिर तुम लेकर अवतार
कहाँ रह गए तुम.........

194. मन

ओ प्यारे मन!
तुम ही हो मेरे हमदम
जब भी दोराहे पर होती हूँ
तुम ही सही राह दिखाते हो
हर विषम परिस्थिति में तुम ही साथ निभाते हो
ओ प्यारे मन!
जब भी ख्वाबों में खो जाती हूं ,
तुम ही हकीकत के धरातल पर लाते हो
जब भी हो जाती हूं अधीर
तुम ही धीरज बंधाते हो
ओ प्यारे मन!
तुम ही हो मेरे सबसे बड़े धन
मन की शांति मिले बिना नीरस है ये जीवन ।

195. दुनिया अजब तमाशा है

दुनिया अजब तमाशा है
पल में आशा और पल में मिलती निराशा है
खामोशी के साए हैं कहीं,
कहीं मिलता अंतहीन शोर है
दुनिया अजब तमाशा है
कोई गरीबी में भी खुश है
कोई अमीरी में भी नाखुश है,
कोई चढ़ाता ईश्वर के सोने का ताज है
कोई कोसता ईश्वर को हर रोज है
दुनिया अजब तमाशा है
यहां दिल के खरीददार मिल जाते हैं
मगर दर्द का खरीददार कोई नहीं
दुनिया अजब तमाशा है
कहने को माता-पिता की संतान सभी हैं जायदाद में हिस्सा पाने को
मगर बहुत मुश्किल से मिलती है
एक भी संतान उनके प्रति सेवा धर्म निभाने को
दुनिया अजब तमाशा है...........

196. मेरा भारत

भारत में बसती हर भारतवासी की जान है दौलत क्या, शोहरत क्या
इसके लिए तो सांसें भी हमारी कुर्बान हैं
जब तक चाँद तारे हैं तब तक भारत भी जिंदाबाद रहेगा
चाहे प्रलय भी हो जाए मेरा देश हमेशा आबाद रहेगा
कोई दुश्मन क्या मिटा पाएगा इसकी हस्ती
मेरे देश का एक सिपाही भी सौ दुश्मन पर भारी है
उसकी वीरता पर तो सारा देश ही बलिहारी है।
भारत में बसती हर भारतवासी की जान है
दौलत क्या, शोहरत क्या
इसके लिए तो सांसें भी हमारी कुर्बान हैं
मेरा भारत तो सारे जग की नींव है
उसके बिना तो सारा संसार ही आधारहीन है
गंगा ने इस धरा को पवित्र किया
स्वयं ईश्वर ने यहां अवतार लिया
धर्म-अर्थ-काम-मोक्ष चारों पुरुषार्थ यहां साकार हुए
तप, त्याग, दान, सदाचार,सत्मार्ग का
इसने विश्व को ज्ञान दिया
ये धर्मभूमि है, ये कर्मभूमि है, ये ही हमारे
दिल में बसने वाली हमारी मातृभूमि है
इसके लिए तो न्यौछावर हमारे प्राण हैं
भारत में बसती हर भारतवासी की जान है
दौलत क्या, शोहरत क्या

इसके लिए तो सांसें भी हमारी कुर्बान हैं
मेरे देश का तिरंगा आसमान की
बुलंदियों पर लहराएगा
ये देश मेरा फिर से सोने की चिड़िया कहलाएगा
विश्व में हर जगह भारत का गुणगान गाया जाएगा एक
दिन ऐसा भी आएगा
मेरा भारत विश्व में सबसे महान कहलाएगा
भारत में बसती हर भारतवासी की जान है
दौलत क्या, शोहरत क्या,
इसके लिए तो सांसें भी हमारी कुर्बान हैं।

197. सबसे प्यारा हिंदुस्तान हमारा............

समग्र विश्व में सबसे प्यारा हिंदुस्तान हमारा होगा
शांति का, उन्नति का, प्रेम का उजियारा होगा
वहां ना आतंक का साया होगा
ना ही भ्रष्टाचार छाया होगा
वहां ना बेरोजगारी होगी
ना ही कोई लाचारी होगी
समग्र विश्व में सबसे प्यारा हिंदुस्तान हमारा होगा
वहां मज़हब की कोई दीवार ना होगी
ना ही सच्चाई की कभी हार होगी
वहां गरीबी-अमीरी का भेद ना होगा
ना ही कभी किसी असहाय का तिरस्कार होगा
समग्र विश्व में सबसे प्यारा हिंदुस्तान हमारा होगा
वहां ना कभी कोई नारी शोषित होगी
ना ही कभी किसी पुरुष के मन में
दुर्भावना कोई पोषित होगी।
वहां हर पंछी भी आजाद होगा
प्रकृति का भी सम्मान होगा।
समग्र विश्व में सबसे प्यारा हिंदुस्तान हमारा होगा
शांति का, उन्नति का, प्रेम का उजियारा होगा।

198. मेरी प्रेरणा

मुझे प्रेरणा मिलती है उन वृक्षों से
जो ओरों को फल देते हैं
मुझे प्रेरणा मिलती है उन नदियों से
जो ओरों को जल देती हैं
मुझे प्रेरणा मिलती है चाँद सितारों से
जो सबको रोशनी और शीतलता देते हैं
मुझे प्रेरणा मिलती है उस सूर्य से
जो हर रोज सुबह लाता है
मुझे प्रेरणा मिलती है उन हवाओं से
जो सबको जीवन देती हैं
मुझे प्रेरणा मिलती है प्रकृति के हर रूप से
जो हमें त्याग और संतुलन सिखाते हैं
मुझे प्रेरणा मिलती है उस चींटी से
जो खुद से सौ गुना ज्यादा भार उठाती है
मुझे प्रेरणा मिलती है हर उस शख्स से
जो हार के बाद भी जीत का हौसला रखता है
मुझे प्रेरणा मिलती है हर उस इंसान से
जो दूसरों के लिए जीता है ।

अध्याय199

एक भी ऐसा दिन नहीं
जब फूल कोई खिला नहीं
एक भी ऐसा दिन नहीं
जब चाँद निकला नहीं
एक भी ऐसा दिन नहीं
जब रात के बाद सवेरा हुआ नहीं
फिर क्यों बाधाओं से घबराकर
हार मान जाएं हम
क्यों ना अपने साहस और निरंतर प्रयास से
लक्ष्य को पा जाएं हम ।

अध्याय200

जो गम में भी साथ दे
जो कम में भी साथ दे
जो "हम" में ही रहे
"मैं" का ना आभास दे
वो है प्रेम।

प्यार की अहमियत उन बेजुबानोंसे पूछो
जिन्हें दाना पानी भी नसीब नहीं
प्यार की अहमियत उन अनाथों से पूछो
जिनके सिर पर किसी का हाथ नहीं
प्यार की अहमियत उन मजदूरों से पूछो
जिनका कोई सम्मान नहीं
प्यार की अहमियत वह क्या जाने
जिसने ठुकराया है कईयों को
प्यार की अहमियत उससे पूछो
जिसने अपनाया है गैरों को भी।

अध्याय201

मैं अकेला ही ठीक हूँ
भीड़ में अक्सर पहचान खो जाती है।

निगाहें बोलती हैं
भेद दिल के खोलती हैं
मगर कोई समझता नहीं,
इसकी भाषा को,
यह चाहत और नफरत को
एक ही तराजू में तोलती हैं।

चाहे घूमलें हम सारी दुनिया,
घर की बात ही कुछ और है,
मिलता है सुकून अपने ही घर में आकर
चाहे सजालें हम महफिलें हजार,
तन्हाई में भी घर में ही आता है करार।

सब बदल गया वक्त के साथ
बस मेरा अपना वक्त ही
नहीं बदला वक्त के साथ।

अध्याय202

ऐ मेरे प्रभु! अगर टूट कर बिखर जाऊं
तो समेट लेना मुझे
अगर हिम्मत हार जाऊं
तो हौसला देना मुझे
अगर अश्कों से भीग जाऊं
तो थोड़ी हँसी देना मुझे
अगर गम की आँधियों से घिर जाऊं
तो सही रास्ता दिखाना मुझे
अगर दौलत खो दूं अपनी
तो उसे फिर से कमाने का हुनर देना मुझे
अगर रिश्ते निभाने में कमजोर पड़ जाऊं
तो थोड़ी ताकत देना मुझे
मगर स्वाभिमान जो खो दूं अपना
तो इस दुनिया से उठा लेना मुझे।

www.ingramcontent.com/pod-product-compliance
Ingram Content Group UK Ltd.
Pitfield, Milton Keynes, MK11 3LW, UK
UKHW040005200726
13854UKWH00001B/52

9 798886 671254